深圳证券交易所
SHENZHEN STOCK EXCHANGE

中小企业之家
HOME FOR SMEs

深圳证券交易所中小企业之家系列读物

深市股票上市规则汇编

（2020）

深圳证券交易所创业企业培训中心 编

中国财经出版传媒集团
中国财政经济出版社

图书在版编目（CIP）数据

深市股票上市规则汇编.2020／深圳证券交易所创业企业培训中心编. --北京：中国财政经济出版社，2021.3

（深圳证券交易所中小企业之家系列读物）

ISBN 978-7-5223-0155-6

Ⅰ.①深…　Ⅱ.①深…　Ⅲ.①股票上市-规则-中国　Ⅳ.①F832.51-65

中国版本图书馆CIP数据核字（2020）第220252号

责任编辑：张　莹　贾延平　责任校对：张　凡
封面设计：田　晗

深市股票上市规则汇编（2020）
SHENSHI GUPIAO SHANGSHI GUIZE HUIBIAN（2020）

中国财政经济出版社 出版
URL：http：//www.cfeph.cn
E-mail：cfeph@cfeph.cn

社址：北京市海淀区阜成路甲28号　邮政编码：100142
营销中心电话：010-88191522
天猫网店：中国财政经济出版社旗舰店
网址：https：//zgczjjcbs.tmall.com
北京时捷印刷有限公司印刷　各地新华书店经销
成品尺寸：142mm×210mm　32开　9.375印张　231 000字
2021年3月第1版　2021年6月北京第2次印刷
定价：30.00元
ISBN 978-7-5223-0155-6
（图书出现印装问题，本社负责调换，电话：010-88190548）
本社质量投诉电话：010-88190744
打击盗版举报热线：010-88191661　QQ：2242791300

目　录

关于发布《深圳证券交易所股票上市规则（2020年修订）》的通知

（深证上〔2020〕1294号）

各市场参与人：

为贯彻落实中央深改委审议通过的《健全上市公司退市机制实施方案》，进一步完善市场化、常态化退出机制，净化资本市场生态，保护投资者合法权益，按照中国证监会统一部署，本所对《深圳证券交易所股票上市规则（2018 年 11 月修订）》（以下简称“原规则”）进行了修订，形成《深圳证券交易所股票上市规则（2020 年修订）》（以下简称“新规”）。经中国证监会批准，现予以发布，自发布之日起施行。

本所 2018 年 11 月 16 日发布的《深圳证券交易所上市公司重大违法强制退市实施办法》（深证上〔2018〕556 号）（以下简称《重大违法强制退市办法》）和 2017 年 6 月 28 日发布的《深圳证券交易所退市整理期业务特别规定（2017 年修订）》（深证上〔2017〕420 号），以及 2019 年 4 月 30 日发布的《关于修改〈深圳证券交易所股票上市规则〉〈深圳证券交易所创业板股票上市规则〉有关条款的通知》（深证上〔2019〕245 号）同时废止。

为确保新规顺利施行，作出以下具体安排：

一、新规施行前股票已暂停上市的公司，适用原规则标准和程序及原配套业务规则实施恢复上市或终止上市及退市整理期安排。

二、对新规第十四章第三节及第 14.5.2 条第（四）项规定的退市指标及退市风险警示情形，以 2020 年作为第一个会计年度起算。

三、对新规第 14.2.1 条第（六）项规定的退市指标，自 2021 年 7 月 1 日起计算相关期限；对于新规施行前（含施行当日）收盘价低于 1 元的股票，新规施行前后股票收盘价连续低于 1 元的交易日连续计算；按照前述情形计算，连续二十个交易日每日股票收盘价均低于 1 元的，公司股票在被本所作出终止上市决定后按照原规则及原配套业务规则进入退市整理期交易。

四、新规施行前股票已被实施退市风险警示以及已被实施其他风险警示的公司，在2020年年度报告披露前，其股票继续实施退市风险警示或其他风险警示。在2020年年度报告披露后，执行以下安排：（1）触及新规退市风险警示或其他风险警示情形的，按照新规执行；（2）未触及新规退市风险警示但触及原规则暂停上市标准的，对其股票实施其他风险警示，并在2021年年度报告披露后按新规执行，未触及新规其他风险警示情形的，撤销其他风险警示；（3）未触及新规退市风险警示且未触及原规则暂停上市标准的，撤销退市风险警示；（4）未触及新规其他风险警示情形的，撤销其他风险警示。

五、新规施行前已收到行政处罚事先告知书或行政处罚决定书且可能触及重大违法强制退市情形的公司，适用《重大违法强制退市办法》、原规则及原配套业务规则实施重大违法强制退市及退市整理期安排。

六、新规施行后收到行政处罚事先告知书且可能触及重大违法强制退市情形的公司，依据行政处罚决定书认定的事实，公司2015年度至2020年度内的任意连续会计年度财务指标实际已触及《重大违法强制退市办法》规定的重大违法强制退市情形的，本所对其股票实施重大违法强制退市；公司在2020年度及以后年度中的任意连续会计年度财务类指标实际已触及新规重大违法强制退市情形的，本所对其股票实施重大违法强制退市。

七、判断公司是否触及新规第13.3条第（四）项、第（六）项规定的其他风险警示情形时，以2020年为最近一个会计年度，以2018年至2020年为最近三个会计年度。

特此通知

深圳证券交易所

2020年12月31日

深圳证券交易所股票上市规则

（2020年修订）

（1998 年 1 月实施　2000 年 5 月第一次修订　2001 年 6 月第二次修订　2002 年 2 月第三次修订　2004 年 12 月第四次修订　2006 年 5 月第五次修订　2008 年 9 月第六次修订　2012 年 7 月第七次修订　2014 年 10 月第八次修订　2018 年 4 月第九次修订　2018 年 11 月第十次修订　2020 年 12 月第十一次修订）

目　　录

第一章

总　　则

1.1　为了规范股票、存托凭证、可转换为股票的公司债券（以下简称“可转换公司债券”）及其他衍生品种（以下统称“股票及其衍生品种”）上市行为，以及发行人、上市公司及相关信息披露义务人的信息披露行为，维护证券市场秩序，保护投资者的合法权益，根据《中华人民共和国公司法》（以下简称《公司法》）、《中华人民共和国证券法》(以下简称《证券法》）等法律、行政法规、部门规章、规范性文件及《深圳证券交易所章程》，制定本规则。

1.2　在深圳证券交易所（以下简称“本所”）主板（含中小企业板）上市的股票、存托凭证及其衍生品种的上市、信息披露、停牌等事宜，适用本规则；中国证券监督管理委员会（以下简称“中国证监会”）和本所对权证等衍生品种、境外公司的股票、存托凭证及其衍生品种在本所的上市、信息披露、停牌等事宜另有规定的，从其规定。

1.3　申请股票及其衍生品种在本所上市，应当经本所同意，并在上市前与本所签订上市协议，明确双方的权利、义务和有关事项。

1.4　发行人、上市公司及其董事、监事、高级管理人员、股东、实际控制人、收购人、重大资产重组有关各方等自然人、机构及其相关人员，以及保荐人及其保荐代表人、证券服务机构及其相关人员应当遵守法律、行政法规、部门规章、规范性文件、本规则和本所发布的细则、指引、通知、办法、指南等相关规定（以下简称“本所其他相关规定”）。

1.5　本所依据法律、行政法规、部门规章、规范性文件、本规则、本所其他相关规定和上市协议、声明与承诺，对发行人、上市公司及其董事、监事、高级管理人员、股东、实际控制人、收购人、重大资产重组有关各方等自然人、机构及其相关人员，以及保荐人及其保荐代表人、证券服务机构及其相关人员进行监管。

第 二 章

信息披露的基本原则及一般规定

2.1　上市公司及相关信息披露义务人应当根据法律、行政法规、部门规章、规范性文件、本规则以及本所发布的细则、指引和通知等相关规定，及时、公平地披露信息，并保证所披露的信息真实、准确、完整，不得有虚假记载、误导性陈述或者重大遗漏。

2.2　上市公司董事、监事、高级管理人员应当保证公司所披露的信息真实、准确、完整，不能保证披露的信息内容真实、准确、完整的，应当在公告中作出相应声明并说明理由。

2.3　上市公司股东、实际控制人、收购人等相关信息披露义务人，应当按照有关规定履行信息披露义务，积极配合上市公司做好信息披露工作，及时告知上市公司已发生或者拟发生的重大事件，并严格履行其所作出的承诺。

2.4　本规则所称真实，是指上市公司及相关信息披露义务人披露的信息应当以客观事实或者具有事实基础的判断和意见为依据，如实反映客观情况，不得有虚假记载和不实陈述。

2.5　本规则所称准确，是指上市公司及相关信息披露义务人披露的信息应当使用明确、贴切的语言和简明扼要、通俗易懂的文字，不得含有任何宣传、广告、恭维或者夸大等性质的词句，不得有误导性陈述。

公司披露预测性信息及其他涉及公司未来经营和财务状况等信息时，应当合理、谨慎、客观。

2.6 本规则所称完整，是指上市公司及相关信息披露义务人披露的信息应当内容完整、文件齐备，格式符合规定要求，不得有重大遗漏。

2.7 本规则所称及时，是指上市公司及相关信息披露义务人应当在本规则规定的期限内披露所有对公司股票及其衍生品种交易价格可能产生较大影响的信息（以下简称“重大信息”）。

2.8 本规则所称公平，是指上市公司及相关信息披露义务人应当同时向所有投资者公开披露重大信息，确保所有投资者可以平等地获取同一信息，不得私下提前向特定对象单独披露、透露或者泄露。

公司向公司股东、实际控制人或者其他第三方报送文件和传递信息涉及未公开重大信息的，应当履行信息披露义务。

2.9 上市公司及其董事、监事、高级管理人员、相关信息披露义务人和其他知情人在信息披露前，应当将该信息的知情者控制在最小范围内，不得泄漏未公开重大信息，不得进行内幕交易或者配合他人操纵股票及其衍生品种交易价格。

2.10 上市公司应当按照有关规定制定并严格执行信息披露事务管理制度。

公司应当将经董事会审议的信息披露事务管理制度及时报送本所备案并在本所指定网站披露。

2.11 上市公司应当制定董事、监事、高级管理人员对外发布信息的行为规范，明确未经公司董事会许可不得对外发布的情形。

2.12　上市公司应当披露的信息包括定期报告和临时报告。

公司及相关信息披露义务人应当将公告文稿和相关备查文件在立即报送本所，报送的公告文稿和相关备查文件应当符合本所的要求。

公司及相关信息披露义务人报送的公告文稿和相关备查文件应当采用中文文本。同时采用外文文本的，信息披露义务人应当保证两种文本的内容一致。两种文本发生歧义时，以中文文本为准。

2.13　本所根据有关法律、行政法规、部门规章、规范性文件、本规则以及本所发布的细则、指引和通知等相关规定，对上市公司及相关信息披露义务人披露的信息进行形式审核，对其内容的真实性不承担责任。

本所对定期报告实行事前登记、事后审核；对临时报告依不同情况实行事前审核或者事前登记、事后审核。

定期报告或者临时报告出现任何错误、遗漏或者误导，本所可以要求公司作出说明并公告，公司应当按照本所要求办理。

2.14　上市公司定期报告和临时报告经本所登记后应当在中国证监会指定媒体上披露。公司未能按照既定时间披露，或者在指定媒体上披露的文件内容与报送本所登记的文件内容不一致的，应当立即向本所报告。

2.15　上市公司及相关信息披露义务人在其他公共媒体发布重大信息的时间不得先于指定媒体，在指定媒体上公告之前不得以新闻发布或者答记者问等任何其他方式透露、泄漏未公开重大信息。

公司董事、监事及高级管理人员应当遵守并促使公司遵守前述规定。

2.16　上市公司及相关信息披露义务人应当关注公共媒体

关于本公司的报道以及本公司股票及其衍生品种的交易情况，及时向有关方面了解真实情况。

公司应当在规定期限内如实回复本所就相关事项提出的问询，并按照本规则的规定和本所要求及时、真实、准确、完整地就相关情况作出公告，不得以有关事项存在不确定性或者需要保密等为由不履行报告、公告和回复本所问询的义务。

2.17　上市公司及相关信息披露义务人未在规定期限内回复本所问询，或者未按照本规则的规定和本所的要求进行公告，或者本所认为必要的，本所可以交易所公告等形式，向市场说明有关情况。

2.18　上市公司应当将定期报告、临时报告和相关备查文件等信息披露文件在公告的同时置备于公司住所，供公众查阅。

2.19　上市公司应当配备信息披露所必要的通讯设备，并保证对外咨询电话畅通。

2.20　上市公司拟披露的信息存在不确定性、属于临时性商业秘密或者本所认可的其他情形，及时披露可能会损害公司利益或者误导投资者，且符合以下条件的，公司可以向本所提出暂缓披露申请，说明暂缓披露的理由和期限：

（一）拟披露的信息未泄漏；

（二）有关内幕人士已书面承诺保密；

（三）公司股票及其衍生品种交易未发生异常波动。

经本所同意，公司可以暂缓披露相关信息。暂缓披露的期限一般不超过两个月。

暂缓披露申请未获本所同意、暂缓披露的原因已经消除或者暂缓披露的期限届满的，公司应当及时披露。

2.21　上市公司拟披露的信息属于国家机密、商业秘密或者本所认可的其他情况，按本规则披露或者履行相关义务可能会导致其违反国家有关保密法律、行政法规规定或者损害公司利益的，公司可以向本所申请豁免按本规则披露或者履行相关义务。

2.22 上市公司发生的或者与之有关的事件没有达到本规则规定的披露标准，或者本规则没有具体规定，但本所或者公司董事会认为该事件对公司股票及其衍生品种交易价格可能产生较大影响的，公司应当比照本规则及时披露。

2.23 上市公司及相关信息披露义务人对本规则的具体规定有疑问的，应当向本所咨询。

2.24 本所根据本规则及本所其他相关规定和监管需要，对上市公司及相关主体进行现场检查，上市公司及相关主体应当积极配合。

前款所述现场检查，是指本所在上市公司及所属企业和机构（以下简称“检查对象”）的生产、经营、管理场所以及其他相关场所，采取查阅、复制文件和资料、查看实物，谈话及询问等方式，对检查对象的信息披露，公司治理等规范运作情况进行监督检查的行为。

2.25 保荐人及其保荐代表人、证券服务机构及其相关人员为发行人、上市公司及相关信息披露义务人的证券业务活动制作、出具上市保荐书、审计报告、资产评估报告、财务顾问报告、资信评级报告或者法律意见书等文件，应当勤勉尽责，对所制作、出具的文件内容的真实性、准确性、完整性进行核查和验证。其制作、出具的文件不得有虚假记载、误导性陈述或者重大遗漏。

2.26 保荐人及其保荐代表人、证券服务机构及其相关人员应当及时制作工作底稿，完整保存发行人、上市公司及相关信息披露义务人的证券业务活动记录及相关资料。

本所可以根据监管需要调阅、检查工作底稿、证券业务活动记录及相关资料。

第三章

董事、监事和高级管理人员

第一节　董事、监事和高级管理人员任职要求

3.1.1　上市公司的董事、监事和高级管理人员应当在公司股票首次上市前，新任董事、监事应当在股东大会或者职工代表大会通过其任命后一个月内，新任高级管理人员应当在董事会通过其任命后一个月内，签署一式三份《董事（监事、高级管理人员）声明及承诺书》，并报本所和公司董事会备案。

董事、监事和高级管理人员签署《董事（监事、高级管理人员）声明及承诺书》时，应当由律师见证，并由律师解释该文件的内容，董事、监事和高级管理人员在充分理解后签字。

董事会秘书应当督促董事、监事和高级管理人员及时签署《董事（监事、高级管理人员）声明及承诺书》，并按本所规

定的途径和方式提交《董事（监事、高级管理人员）声明及承诺书》的书面文件和电子文件。

3.1.2　上市公司董事、监事和高级管理人员应当在《董事（监事、高级管理人员）声明及承诺书》中声明：

（一）持有本公司股票的情况；

（二）有无因违反法律、行政法规、部门规章、规范性文件、本规则或者本所其他相关规定受查处的情况；

（三）参加证券业务培训的情况；

（四）其他任职情况和最近五年的工作经历；

（五）拥有其他国家或者地区的国籍、长期居留权的情况；

（六）本所认为应当说明的其他情况。

3.1.3　上市公司董事、监事和高级管理人员应当保证《董事（监事、高级管理人员）声明及承诺书》中声明事项的真实、准确、完整，不存在虚假记载、误导性陈述或者重大遗漏。

3.1.4　上市公司董事、监事和高级管理人员在任职（含续任）期间出现声明事项发生变化的，董事、监事和高级管理人员应当自该等事项发生变化之日起五个交易日内向本所和公司董事会提交有关该等事项的最新资料。

3.1.5　上市公司董事、监事和高级管理人员应当履行以下职责并在《董事（监事、高级管理人员）声明及承诺书》中作出承诺：

（一）遵守并促使上市公司遵守国家法律、行政法规、部门规章、规范性文件，履行忠实义务和勤勉义务；

（二）遵守并促使上市公司遵守本规则和本所其他相关规定，接受本所监管；

（三）遵守并促使上市公司遵守《公司章程》；

（四）本所认为应当履行的其他职责和应当作出的其他

承诺。

监事还应当承诺监督董事和高级管理人员遵守其承诺。

高级管理人员还应当承诺及时向董事会报告有关公司经营或者财务方面出现的可能对公司股票及其衍生品种交易价格产生较大影响的事项。

3.1.6 上市公司董事应当履行的忠实义务和勤勉义务包括：

（一）原则上应当亲自出席董事会，以正常合理的谨慎态度勤勉行事并对所议事项表达明确意见；因故不能亲自出席董事会的，应当审慎地选择受托人。

（二）认真阅读上市公司的各项商务、财务报告和公共媒体有关公司的报道，及时了解并持续关注公司业务经营管理状况和公司已发生或者可能发生的重大事件及其影响，及时向董事会报告公司经营活动中存在的问题，不得以不直接从事经营管理或者不知悉为由推卸责任。

（三）《证券法》《公司法》规定的及社会公认的其他忠实义务和勤勉义务。

3.1.7 上市公司董事、监事和高级管理人员应当在公司股票上市前、任命生效时及新增持有公司股份时，按照本所的有关规定申报并申请锁定其所持的本公司股份。

公司董事、监事、高级管理人员和证券事务代表所持本公司股份发生变动的（因公司派发股票股利和资本公积转增股本导致的变动除外），应当及时向公司报告并由公司在本所指定网站公告。

3.1.8 上市公司董事、监事、高级管理人员和公司股东买卖本公司股份应当遵守《公司法》、《证券法》、中国证监会和本所相关规定及公司章程。

上市公司董事、监事、高级管理人员自公司股票上市之日起一年内和离职后半年内，不得转让其所持本公司股份。

3.1.9 上市公司董事、监事、高级管理人员、持有公司股份5%以上的股东，将其持有的该公司的股票在买入后六个月内卖出，或者在卖出后六个月内又买入，由此所得收益归该公司所有，公司董事会应当收回其所得收益，并及时披露相关情况。

3.1.10 上市公司在披露召开关于选举独立董事的股东大会通知时，应当将所有独立董事候选人的有关材料（包括但不限于提名人声明、候选人声明、独立董事履历表）报送本所备案。

公司董事会对独立董事候选人的有关情况有异议的，应当同时报送董事会的书面意见。

3.1.11 本所在收到前条所述材料的五个交易日内，对独立董事候选人的任职资格和独立性进行审核。对于本所提出异议的独立董事候选人，上市公司不得将其提交股东大会选举为独立董事。

在召开股东大会选举独立董事时，公司董事会应当对独立董事候选人是否被本所提出异议的情况进行说明。

3.1.12 上市公司应当在董事会下设立审计委员会，内部审计部门对审计委员会负责，向审计委员会报告工作。审计委员会中独立董事应当占半数以上并担任召集人，且至少有一名独立董事是会计专业人士。

3.1.13 上市公司董事由股东大会选举或更换，并可在任期届满前由股东大会解除其职务。董事每届任期不得超过三年，任期届满可连选连任。

第二节 董事会秘书任职要求

3.2.1 上市公司应当设立董事会秘书，作为公司与本所之间的指定联络人。

公司应当设立由董事会秘书负责管理的信息披露事务部门。

3.2.2　董事会秘书对上市公司和董事会负责，履行如下职责：

（一）负责公司信息披露事务，协调公司信息披露工作，组织制定公司信息披露事务管理制度，督促公司及相关信息披露义务人遵守信息披露相关规定。

（二）负责公司投资者关系管理和股东资料管理工作，协调公司与证券监管机构、股东及实际控制人、保荐人、证券服务机构、媒体等之间的信息沟通。

（三）组织筹备董事会会议和股东大会，参加股东大会、董事会会议、监事会会议及高级管理人员相关会议，负责董事会会议记录工作并签字。

（四）负责公司信息披露的保密工作，在未公开重大信息出现泄露时，及时公告。

（五）关注媒体报道并主动求证真实情况，督促董事会及时回复本所所有问询。

（六）组织董事、监事和高级管理人员进行证券法律法规、本规则及相关规定的培训，协助前述人员了解各自在信息披露中的权利和义务。

（七）督促董事、监事和高级管理人员遵守法律、法规、规章、规范性文件、本规则、本所其他相关规定及公司章程，切实履行其所作出的承诺；在知悉公司作出或者可能作出违反有关规定的决议时，应当予以提醒并立即如实地向本所报告。

（八）《公司法》、《证券法》、中国证监会和本所要求履行的其他职责。

3.2.3　上市公司应当为董事会秘书履行职责提供便利条件，董事、监事、财务负责人及其他高级管理人员和公司相关人员应当支持、配合董事会秘书在信息披露方面的工作。

董事会秘书为履行职责有权了解公司的财务和经营情况，参加涉及信息披露的有关会议，查阅涉及信息披露的所有文件，并要求公司有关部门和人员及时提供相关资料和信息。

董事会秘书在履行职责过程中受到不当妨碍和严重阻挠时，可以直接向本所报告。

3.2.4 董事会秘书应当具备履行职责所必需的财务、管理、法律专业知识，具有良好的职业道德和个人品德，并取得本所颁发的董事会秘书资格证书。有下列情形之一的人士不得担任上市公司董事会秘书：

（一）有《公司法》第一百四十六条规定情形之一的；

（二）自受到中国证监会最近一次行政处罚未满三年的；

（三）最近三年受到证券交易所公开谴责或者三次以上通报批评的；

（四）本公司现任监事；

（五）本所认定不适合担任董事会秘书的其他情形。

3.2.5 上市公司应当在首次公开发行股票上市后三个月内或者原任董事会秘书离职后三个月内聘任董事会秘书。

3.2.6 上市公司应当在有关拟聘任董事会秘书的会议召开五个交易日之前将该董事会秘书的有关材料报送本所，本所自收到有关材料之日起五个交易日内未提出异议的，董事会可以聘任。

3.2.7 上市公司聘任董事会秘书之前应当向本所报送下列资料：

（一）董事会推荐书，包括被推荐人符合本规则任职资格的说明、职务、工作表现及个人品德等内容；

（二）被推荐人的个人简历、学历证明（复印件）；

（三）被推荐人取得的董事会秘书资格证书（复印件）。

3.2.8 上市公司在聘任董事会秘书的同时，还应当聘任证券事务代表，协助董事会秘书履行职责。在董事会秘书不能履行职责时，由证券事务代表行使其权利并履行其职责，在此期间，并不当然免除董事会秘书对公司信息披露事务所负有的责任。

证券事务代表应当参加本所组织的董事会秘书资格培训并取得董事会秘书资格证书。

3.2.9　上市公司董事会正式聘任董事会秘书、证券事务代表后应当及时公告并向本所提交下列资料：

（一）董事会秘书、证券事务代表聘任书或者相关董事会决议；

（二）董事会秘书、证券事务代表的通讯方式，包括办公电话、住宅电话、移动电话、传真、通信地址及专用电子邮件信箱地址等；

（三）公司董事长的通讯方式，包括办公电话、移动电话、传真、通信地址及专用电子邮件信箱地址等。

上述有关通讯方式的资料发生变更时，公司应当及时向本所提交变更后的资料。

3.2.10　上市公司解聘董事会秘书应当具有充分理由，不得无故将其解聘。

董事会秘书被解聘或者辞职时，公司应当及时说明原因并公告。

董事会秘书有权就被公司不当解聘或者与辞职有关的情况，向本所提交个人陈述报告。

3.2.11　董事会秘书有下列情形之一的，上市公司应当自事实发生之日起一个月内解聘董事会秘书：

（一）出现本规则第3.2.4条所规定情形之一的；

（二）连续三个月以上不能履行职责的；

（三）在履行职责时出现重大错误或者疏漏，给投资者造成重大损失的；

（四）违反法律、行政法规、部门规章、规范性文件、本规则、本所其他相关规定或者公司章程，给投资者造成重大损失的。

3.2.12　上市公司应当在聘任董事会秘书时与其签订保密协议，要求其承诺在任职期间以及在离任后持续履行保密义务直至有关信息披露为止，但涉及公司违法违规的信息除外。

董事会秘书离任前，应当接受董事会、监事会的离任审查，在公司监事会的监督下移交有关档案文件、正在办理或者待办理事项。

3.2.13　上市公司董事会秘书空缺期间，董事会应当指定一名董事或者高级管理人员代行董事会秘书的职责，并报本所备案，同时尽快确定董事会秘书人选。公司指定代行董事会秘书职责的人员之前，由董事长代行董事会秘书职责。

董事会秘书空缺期间超过三个月之后，董事长应当代行董事会秘书职责，直至公司正式聘任董事会秘书。

3.2.14　上市公司应当保证董事会秘书在任职期间按要求参加本所组织的董事会秘书后续培训。

3.2.15　上市公司在履行信息披露义务时，应当指派董事会秘书、证券事务代表或者本规则第3.2.13条规定代行董事会秘书职责的人员负责与本所联系，办理信息披露与股权管理事务。

第四章

保荐人

4.1　本所实行股票、可转换公司债券、分离交易的可转换公司债券上市保荐制度。发行人向本所申请其首次公开发行的股票和上市后发行的新股、可转换公司债券和分离交易的可转换公司债券在本所上市，以及股票被终止上市后公司申请其股票重新上市的，应当由保荐人保荐。

保荐人应当为经中国证监会注册登记并列入保荐人名单，同时具有本所会员资格的证券经营机构。

根据中国证监会相关规定无须聘请保荐人的，从其规定。

4.2　保荐人应当与发行人签订保荐协议，明确双方在公司申请上市期间、申请重新上市期间和持续督导期间的权利和义务。保荐协议应当约定保荐人审阅发行人信息披露文件的时点。

首次公开发行股票的，持续督导期间为股票上市当年剩余时间及其后两个完整会计年度；上市后发行新股、可转换公司债券和分离交易的可转换公司债券的，持续督导期间为股票、可转换公司债券或者分离交易的可转换公司债券上市当年剩余时间及其后一个完整会计年度；申请重新上市的，持续督导期间为股票重新上市当年剩余时间及其后一个完整会计年度。持续督导期间自股票、可转换公司债券或者分离交易的可转换公司债券上市之日起计算。

4.3　保荐人应当在签订保荐协议时指定两名保荐代表人具体负责保荐工作，作为保荐人与本所之间的指定联络人。

保荐代表人应当为经中国证监会注册登记并列入保荐代表人名单的自然人。

4.4　保荐人保荐股票、可转换公司债券或者分离交易的可转换公司债券上市时，应当向本所提交上市保荐书、保荐协议、保荐人和相关保荐代表人已经中国证监会注册登记并列入保荐人和保荐代表人名单的证明文件和授权委托书，以及与上市保荐工作有关的其他文件。

4.5　上市保荐书应当包括以下内容：

（一）发行股票、可转换公司债券或者分离交易的可转换公司债券的公司概况；

（二）申请上市的股票、可转换公司债券或者分离交易的可转换公司债券的发行情况；

（三）保荐人是否存在可能影响公正履行保荐职责情形的说明；

（四）保荐人按照有关规定应当承诺的事项；

（五）对公司持续督导期间的工作安排；

（六）保荐人和相关保荐代表人的联系地址、电话和其他通讯方式；

（七）保荐人认为应当说明的其他事项；

（八）本所要求的其他内容。

上市保荐书应当由保荐人的法定代表人（或者授权代表）和相关保荐代表人签字，注明日期并加盖保荐人公章。

4.6　保荐人应当督导发行人按照本规则的规定履行信息

披露及其他相关义务，审阅信息披露文件及其他相关文件，并保证向本所提交的与保荐工作相关的文件真实、准确、完整，没有虚假记载、误导性陈述或者重大遗漏。

保荐人和保荐代表人应当同时督导发行人的董事、监事、高级管理人员、控股股东和实际控制人遵守本规则的规定，并履行向本所作出的承诺。

4.7 保荐人应当在发行人向本所报送信息披露文件及其他文件之前，或者履行信息披露义务后五个交易日内，完成对有关文件的审阅工作，对存在问题的信息披露文件应当及时督促发行人更正或者补充。

4.8 保荐人履行保荐职责发表的意见应当及时告知发行人，记录于保荐工作档案。

发行人应当配合保荐人和保荐代表人的工作。

4.9 保荐人在履行保荐职责期间有充分理由确信发行人可能存在违反本规则规定的行为的，应当督促发行人作出说明并限期纠正；情节严重的，应当向本所报告。

保荐人按照有关规定对发行人违法违规事项公开发表声明的，应当于披露前向本所报告，经本所审核后在指定媒体上公告。本所对上述公告进行形式审核，对其内容的真实性不承担责任。

4.10 保荐人有充分理由确信中介机构及其签名人员按本规则规定出具的专业意见可能存在虚假记载、误导性陈述或者重大遗漏等违法违规情形或者其他不当情形的，应当及时发表意见；情节严重的，应当向本所报告。

4.11 保荐人和发行人终止保荐协议的，应当自终止之日起五个交易日内说明原因并由发行人披露公告。

发行人另行聘请保荐人的，应当及时公告。新聘请的保荐人应当及时向本所提交本规则第4.4条规定的有关文件。

4.12 保荐人更换保荐代表人的，应当通知发行人，并在五个交易日内说明原因并提供更换后的保荐代表人的相关资料。发行人应当在收到通知后及时披露保荐代表人变更事宜。

4.13　保荐人应当自持续督导工作结束后十个交易日内向本所报送保荐总结报告书。

4.14　保荐人、相关保荐代表人和保荐工作其他参与人员不得利用从事保荐工作期间获得的发行人尚未披露的信息进行内幕交易，为自己或者他人谋取利益。

第五章

股票和可转换公司债券上市

第一节　首次公开发行的股票上市

5.1.1　发行人首次公开发行股票后申请其股票在本所上市，应当符合下列条件：

（一）股票已公开发行；

（二）具备健全且运行良好的组织机构；

（三）具有持续经营能力；

（四）公司股本总额不少于五千万元；

（五）公开发行的股份达到公司股份总数的25%以上；公司股本总额超过四亿元的，公开发行股份的比例为10%以上；

（六）公司及其控股股东、实际控制人最近三年不存在贪污、贿赂、侵占财产、挪用财产或者破坏社会主义市场经济秩序的刑事犯罪；

（七）最近三年财务会计报告被出具无保留意见审计

报告；

（八）本所要求的其他条件。

5.1.2　发行人向本所申请其首次公开发行的股票上市时，应当按照有关规定编制上市公告书。

5.1.3　发行人向本所申请其首次公开发行的股票上市，应当提交下列文件：

（一）上市报告书（申请书）；

（二）申请股票上市的董事会和股东大会决议；

（三）公司营业执照复印件；

（四）公司章程；

（五）依法经具有从事证券、期货相关业务资格的会计师事务所审计的发行人最近三年的财务会计报告；

（六）保荐协议和保荐人出具的上市保荐书；

（七）律师事务所出具的法律意见书；

（八）具有从事证券、期货相关业务资格的会计师事务所出具的验资报告；

（九）发行人全部股票已经中国证券登记结算有限责任公司深圳分公司（以下简称“结算公司”）托管的证明文件；

（十）董事、监事和高级管理人员持有本公司股份情况报告和《董事（监事、高级管理人员）声明及承诺书》；

（十一）发行人拟聘任或者已聘任的董事会秘书的有关资料；

（十二）控股股东和实际控制人承诺函；

（十三）公开发行前已发行股份持有人所持股份已在结算公司锁定的证明文件；

（十四）发行后至上市前按规定新增的财务资料和有关重大事件的说明文件（如适用）；

（十五）最近一次的招股说明书；

（十六）上市公告书；

（十七）本规则第 5.1.6 条所述承诺函；

（十八）本所要求的其他文件。

5.1.4　发行人及其董事、监事、高级管理人员应当保证向本所提交的上市申请文件内容真实、准确、完整，不存在虚假记载、误导性陈述或者重大遗漏。

5.1.5　发行人公开发行股票前已发行的股份，自发行人股票上市之日起一年内不得转让。

5.1.6　发行人向本所提出其首次公开发行的股票上市申请时，控股股东和实际控制人应当承诺：自发行人股票上市之日起三十六个月内，不转让或者委托他人管理其直接或者间接持有的发行人公开发行股票前已发行的股份，也不由发行人回购其直接或者间接持有的发行人公开发行股票前已发行的股份。

发行人应当在上市公告书中公告上述承诺。

自发行人股票上市之日起一年后，出现下列情形之一的，经控股股东或者实际控制人申请并经本所同意，可以豁免遵守上述承诺：

（一）转让双方存在实际控制关系，或者均受同一控制人所控制；

（二）因上市公司陷入危机或者面临严重财务困难，受让人提出的挽救公司的重组方案获得该公司股东大会审议通过和有关部门批准，且受让人承诺继续遵守上述承诺；

（三）本所认定的其他情形。

5.1.7　本所在收到全套上市申请文件后七个交易日内，作出是否同意上市的决定。出现特殊情况时，本所可以暂缓作出决定。

5.1.8　本所设立上市委员会对上市申请进行审议，作出独立的专业判断并形成审核意见，本所根据上市委员会意见作出是否同意上市的决定。

本规则第 5.1.1 条所列第（一）项至第（四）项条件为在本所上市的必备条件，本所并不保证发行人符合上述条件时，其上市申请一定能够获得本所同意。

5.1.9 首次公开发行的股票上市申请获得本所同意后，发行人应当于其股票上市前五个交易日内，在指定媒体上披露下列文件：

（一）上市公告书；

（二）公司章程；

（三）申请股票上市的股东大会决议；

（四）法律意见书；

（五）上市保荐书。

上述文件应当置备于公司住所，供公众查阅。

发行人在提出上市申请期间，未经本所同意，不得擅自披露与上市有关的信息。

5.1.10 发行人对本所作出的不予上市决定不服的，可以在收到本所相关决定或者本所公告送达有关决定之日（以在先者为准）起十五个交易日内以书面形式向本所申请复核。

第二节 上市公司新股和可转换公司债券的发行与上市

5.2.1 上市公司向本所申请办理新股、可转换公司债券或者分离交易的可转换公司债券发行事宜时，应当提交下列文件：

（一）中国证监会的核准文件；

（二）经中国证监会审核的全部发行申报材料；

（三）发行的预计时间安排；

（四）发行具体实施方案和发行公告；

（五）相关招股意向书或者募集说明书；

（六）本所要求的其他文件。

5.2.2　上市公司应当按照中国证监会有关规定，编制并及时披露涉及新股、可转换公司债券或者分离交易的可转换公司债券发行的相关公告。

5.2.3　发行完成后，上市公司可以向本所申请新股、可转换公司债券或者分离交易的可转换公司债券上市。

5.2.4　上市公司申请可转换公司债券在本所上市，应当符合下列条件：

（一）可转换公司债券的期限为一年以上；

（二）可转换公司债券实际发行额不少于五千万元；

（三）申请可转换公司债券上市时仍符合法定的公司债券发行条件。

5.2.5　上市公司申请分离交易的可转换公司债券中公司债券和认股权证在本所上市，应当符合下列条件：

（一）公司最近一期末经审计的净资产不低于十五亿元；

（二）分离交易的可转换公司债券中公司债券的期限为一年以上；

（三）分离交易的可转换公司债券中公司债券的实际发行额不少于五千万元；

（四）分离交易的可转换公司债券中的认股权证自上市之日起存续时间不少于六个月；

（五）申请分离交易的可转换公司债券中公司债券和认股权证上市时公司仍符合法定的分离交易的可转换公司债券发行条件。

5.2.6　上市公司申请新股、可转换公司债券或者分离交易的可转换公司债券上市，应当按照有关规定编制上市公告书；申请新股上市的，还应当编制股份变动报告书。

5.2.7　上市公司向本所申请新股上市时，应当提交下列文件：

（一）上市报告书（申请书）；

（二）保荐协议或者财务顾问协议；

（三）保荐人出具的上市保荐书或者财务顾问报告；

（四）发行完成后经具有从事证券、期货相关业务资格的会计师事务所出具的验资报告；

（五）结算公司对新增股份已登记托管的书面确认文件；

（六）董事、监事和高级管理人员持股情况变动的报告（如适用）；

（七）股份变动报告及上市公告书；

（八）本所要求的其他文件。

5.2.8 上市公司向本所申请可转换公司债券上市时，应当提交下列文件：

（一）上市报告书（申请书）；

（二）申请可转换公司债券上市的董事会决议；

（三）保荐协议和保荐人出具的上市保荐书；

（四）法律意见书；

（五）发行完成后经具有从事证券、期货相关业务资格的会计师事务所出具的验资报告；

（六）结算公司对可转换公司债券已登记托管的书面确认文件；

（七）可转换公司债券募集办法（募集说明书）；

（八）公司关于可转换公司债券的实际发行数额的说明；

（九）本所要求的其他文件。

5.2.9 上市公司向本所申请分离交易的可转换公司债券中公司债券和认股权证上市时，应当提交下列文件：

（一）分离交易的可转换公司债券中公司债券和认股权证上市申请书；

（二）申请分离交易的可转换公司债券中公司债券和认股

权证上市的董事会决议；

（三）保荐协议和保荐人出具的上市保荐书；

（四）法律意见书；

（五）发行完成后经具有从事证券、期货相关业务资格的会计师事务所出具的验资报告；

（六）结算公司对分离交易的可转换公司债券中公司债券和认股权证已登记托管的书面确认文件；

（七）分离交易的可转换公司债券中公司债券和认股权证上市公告书；

（八）董事、监事和高级管理人员持有标的证券和权证的情况报告、禁售申请；

（九）分离交易的可转换公司债券募集办法（募集说明书）；

（十）公司关于分离交易的可转换公司债券的实际发行情况说明；

（十一）本所要求的其他文件。

5.2.10　上市公司在本所同意其新股、可转换公司债券或者分离交易的可转换公司债券上市的申请后，应当在新股、可转换公司债券或者分离交易的可转换公司债券上市前五个交易日内，在指定媒体上披露下列文件：

（一）上市公告书；

（二）股份变动报告书（适用于新股上市）；

（三）本所要求的其他文件和事项。

第三节　有限售条件的股份上市流通

5.3.1　上市公司向本所申请内部职工股上市时，应当提交下列文件：

（一）上市申请书；

（二）中国证监会关于内部职工股上市时间的批文；

（三）有关内部职工股的持股情况说明及托管证明；

（四）有关公司董事、监事和高级管理人员持股情况说明；

（五）内部职工股上市提示公告；

（六）本所要求的其他文件。

5.3.2　经本所同意后，上市公司应当在内部职工股上市前三个交易日内披露上市提示公告。上市提示公告应当包括以下内容：

（一）上市日期、本次上市股份数量，董事、监事和高级管理人员持股数；

（二）发行价格；

（三）历次股份变动情况；

（四）持有内部职工股人数。

5.3.3　上市公司向本所申请证券投资基金、法人、战略投资者配售的股份上市流通时，应当向本所提交下列文件：

（一）上市流通申请书；

（二）有关向证券投资基金、法人、战略投资者配售的股份说明；

（三）上市流通提示性公告；

（四）本所要求的其他文件。

5.3.4　经本所同意后，上市公司应当在配售的股份上市流通前三个交易日内披露流通提示性公告。上市流通提示性公告应当包括以下内容：

（一）配售股份的上市流通时间；

（二）配售股份的上市流通数量；

（三）配售股份的发行价格；

（四）公司的历次股份变动情况。

5.3.5 上市公司向本所申请股权分置改革后有限售条件的股份上市流通时，应当向本所提交下列文件：

（一）上市流通申请书；

（二）有限售条件股份的持有人的持股情况说明及托管情况；

（三）有限售条件股份的持有人的有关限售承诺；

（四）限售条件已解除的证明文件；

（五）有限售条件股份上市流通的提示性公告；

（六）本所要求的其他文件。

5.3.6 经本所同意后，上市公司应当在有限售条件的股份上市流通前三个交易日内披露提示性公告，上市流通提示性公告包括以下内容：

（一）限售股份的上市流通时间和数量；

（二）有关股东所作出的限售承诺及其履行情况；

（三）本所要求的其他内容。

5.3.7 上市公司向本所申请其他有限售条件的股份上市流通的，参照本章相关规定办理。

第 六 章

定期报告

6.1　上市公司应当披露的定期报告包括年度报告、半年度报告和季度报告。

上市公司应当在法律、行政法规、部门规章、规范性文件以及本规则规定的期限内，按照中国证监会及本所的有关规定编制并披露定期报告。

6.2　上市公司应当在每个会计年度结束之日起四个月内披露年度报告，应当在每个会计年度的上半年结束之日起两个月内披露半年度报告，应当在每个会计年度前三个月、九个月结束后的一个月内披露季度报告。

公司第一季度季度报告的披露时间不得早于公司上一年度的年度报告披露时间。

公司预计不能在规定期限内披露定期报告的，应当及时公告不能按期披露的原因、解决方案及延期披露的最后期限。

6.3　上市公司应当与本所约定定期报告的披露时间，本所根据均衡披露原则统筹安排各公司定期报告披露顺序。

公司应当按照本所安排的时间办理定期报告披露事宜。因故需变更披露时间的，应当提前五个交易日向本所提出书面申请，陈述变更理由，并明确变更后的披露时间，本所视情形决定是否予以调整。本所原则上只接受一次变更申请。

6.4 上市公司董事会应当确保公司定期报告的按时披露，因故无法形成有关定期报告的董事会决议的，应当以董事会公告的方式对外披露相关事项，说明无法形成董事会决议的具体原因和存在的风险。

公司不得披露未经董事会审议通过的定期报告。

6.5 上市公司董事会应当按照中国证监会和本所关于定期报告的有关规定，组织有关人员安排落实定期报告的编制和披露工作。

公司经理、财务负责人、董事会秘书等高级管理人员应当及时编制定期报告提交董事会审议；公司董事、高级管理人员应当依法对公司定期报告是否真实、准确、完整签署书面确认意见；公司监事会应当依法对董事会编制的公司定期报告进行审核并提出书面审核意见。

6.6 上市公司的董事、监事、高级管理人员不得以任何理由拒绝对公司定期报告签署书面意见影响定期报告的按时披露。

公司董事会不得以任何理由影响公司定期报告的按时披露。

负责公司定期报告审计工作的会计师事务所，不得无故拖延审计工作影响公司定期报告的按时披露。

6.7 上市公司聘请为其提供会计报表审计、净资产验证及其他相关服务的会计师事务所应当具有执行证券、期货相关业务的资格。

公司聘请或者解聘会计师事务所必须由股东大会决定，董事会不得在股东大会决定前委任会计师事务所。

公司解聘或者不再续聘会计师事务所时，应当事先通知会计师事务所。公司股东大会就解聘会计师事务所进行表决时，会计师事务所可以陈述意见。会计师事务所提出辞聘的，应当向股东大会说明公司有无不当情形。

6.8 上市公司年度报告中的财务会计报告必须经具有从事证券、期货相关业务资格的会计师事务所审计。

公司半年度报告中的财务会计报告可以不经审计，但有下列情形之一的，公司应当审计：

（一）拟在下半年进行利润分配、公积金转增股本或者弥补亏损的；

（二）中国证监会或者本所认为应当进行审计的其他情形。

公司季度报告中的财务资料无须审计，但中国证监会或者本所另有规定的除外。

6.9 上市公司应当在定期报告经董事会审议后及时向本所报送，并提交下列文件：

（一）年度报告全文及其摘要、半年度报告全文及其摘要或者季度报告全文及正文；

（二）审计报告原件（如适用）；

（三）董事会和监事会决议及其公告文稿；

（四）按本所要求制作的载有定期报告和财务数据的电子文件；

（五）本所要求的其他文件。

6.10 在公司定期报告披露前出现业绩泄漏，或者因业绩传闻导致公司股票及其衍生品种交易异常波动的，上市公司应当及时披露本报告期相关财务数据（无论是否已经审计），包括营业收入、营业利润、利润总额、净利润、总资产和净资产等。

6.11 上市公司财务会计报告被注册会计师出具非标准审计意见的，按照中国证监会《公开发行证券的公司信息披露编报规则第 14 号——非标准审计意见及其涉及事项的处理》（以下简称“第 14 号编报规则”）的规定，公司在报送定期报告的同时应当向本所提交下列文件：

（一）董事会针对该审计意见涉及事项所做的符合第 14 号编报规则要求的专项说明，审议此专项说明的董事会决议以及决议所依据的材料；

（二）独立董事对审计意见涉及事项的意见；

（三）监事会对董事会有关说明的意见和相关的决议；

（四）负责审计的会计师事务所及注册会计师出具的符合第 14 号编报规则要求的专项说明；

（五）中国证监会和本所要求的其他文件。

6.12　上市公司出现本规则第 6.11 条所述非标准审计意见涉及事项如属于明显违反会计准则及相关信息披露规范性规定的，公司应当对有关事项进行纠正，并及时披露纠正后的财务会计资料和会计师出具的审计报告或专项鉴证报告等有关资料。

公司未及时披露、采取措施消除相关事项及其影响的，本所有权对其采取监管措施或纪律处分，或报中国证监会调查处理。

6.13　上市公司应当认真对待本所对其定期报告的事后审核意见，及时回复本所的问询，并按要求对定期报告有关内容作出解释和说明。如需披露更正或者补充公告并修改定期报告的，公司应当在履行相应程序后公告，并在指定网站上披露修改后的定期报告全文。

6.14　发行可转换公司债券的上市公司按照本章规定所编制的年度报告和半年度报告还应当包括以下内容：

（一）转股价格历次调整的情况，经调整后的最新转股价格；

（二）可转换公司债券发行后累计转股的情况；

（三）前十名可转换公司债券持有人的名单和持有量；

（四）担保人盈利能力、资产状况和信用状况发生重大变化的情况；

（五）公司的负债情况、资信变化情况以及在未来年度还债的现金安排；

（六）中国证监会和本所规定的其他内容。

第七章

临时报告的一般规定

7.1　临时报告是指上市公司按照法律、行政法规、部门规章、规范性文件、本规则和本所的其他相关规定披露的除定期报告以外的公告。

临时报告披露内容同时涉及本规则第八章、第九章、第十章和第十一章所述重大事件的，其披露要求和相关审议程序应当同时符合前述各章的相关规定。

临时报告（监事会公告除外）应当加盖董事会公章并由公司董事会发布。

7.2　上市公司应当及时向本所报送并披露临时报告，临时报告涉及的相关备查文件应当同时在本所指定网站上披露（如中介机构报告等文件）。

7.3　上市公司应当在临时报告所涉及的重大事件最先触及下列任一时点后及时履行首次披露义务：

（一）董事会或者监事会作出决议时；

（二）签署意向书或者协议（无论是否附加条件或者期限）时；

（三）公司（含任一董事、监事或者高级管理人员）知悉或者理应知悉重大事件发生时。

7.4 对上市公司股票及其衍生品种交易价格可能产生较大影响的重大事件正处于筹划阶段，虽然尚未触及本规则第7.3条规定的时点，但出现下列情形之一的，公司应当及时披露相关筹划情况和既有事实：

（一）该事件难以保密；

（二）该事件已经泄漏或者市场出现有关该事件的传闻；

（三）公司股票及其衍生品种交易已发生异常波动。

7.5 上市公司按照本规则第7.3条规定首次披露临时报告时，应当按照本规则规定的披露要求和本所制定的相关格式指引予以公告。在编制公告时若相关事实尚未发生的，公司应当严格按要求公告既有事实，待相关事实发生后，再按照本规则和相关格式指引的要求披露完整的公告。

7.6 上市公司按照本规则第7.3条或者第7.4条规定履行首次披露义务后，还应当按照以下规定持续披露有关重大事件的进展情况：

（一）董事会、监事会或者股东大会就已披露的重大事件作出决议的，应当及时披露决议情况。

（二）公司就已披露的重大事件与有关当事人签署意向书或者协议的，应当及时披露意向书或者协议的主要内容。

上述意向书或者协议的内容或者履行情况发生重大变更，或者被解除、终止的，公司应当及时披露变更、解除或者终止的情况和原因。

（三）已披露的重大事件获得有关部门批准或者被否决的，应当及时披露批准或者否决情况。

（四）已披露的重大事件出现逾期付款情形的，应当及时披露逾期付款的原因和相关付款安排。

（五）已披露的重大事件涉及主要标的尚待交付或者过户

的，应当及时披露有关交付或者过户事宜。

超过约定交付或者过户期限三个月仍未完成交付或者过户的，应当及时披露未如期完成的原因、进展情况和预计完成的时间，并在此后每隔三十日公告一次进展情况，直至完成交付或者过户。

（六）已披露的重大事件出现可能对上市公司股票及其衍生品种交易价格产生较大影响的其他进展或者变化的，应当及时披露事件的进展或者变化情况。

7.7　上市公司按照本规则第 7.3 条或者第 7.4 条规定报送的临时报告不符合本规则要求的，公司应当先披露提示性公告，解释未能按照要求披露的原因，并承诺在两个交易日内披露符合要求的公告。

7.8　上市公司控股子公司发生的本规则第九章、第十章和第十一章所述重大事件，视同上市公司发生的重大事件，适用前述各章的规定。

上市公司参股公司发生本规则第九章、第十一章所述重大事件，或者与上市公司的关联人发生第十章所述的有关交易，可能对上市公司股票及其衍生品种交易价格产生较大影响的，公司应当参照前述各章的规定，履行信息披露义务。

第八章

董事会、监事会和股东大会决议

第一节　董事会和监事会决议

8.1.1　上市公司召开董事会会议，应当在会议结束后及时将董事会决议（包括所有提案均被否决的董事会决议）报送本所备案。董事会决议应当经与会董事签字确认。

本所要求提供董事会会议记录的，公司应当按本所要求提供。

8.1.2　董事会决议涉及须经股东大会表决的事项或者本规则第六章、第九章、第十章和第十一章所述重大事件的，上市公司应当及时披露；董事会决议涉及本所认为有必要披露的其他事项的，上市公司也应当及时披露。

8.1.3　董事会决议涉及的本规则第六章、第九章、第十章和第十一章所述重大事件，需要按照中国证监会有关规定或者本所制定的公告格式指引进行公告的，上市公司应当分别披露董事会决议公告和相关重大事件公告。

8.1.4　董事会决议公告应当包括以下内容：

（一）会议通知发出的时间和方式；

（二）会议召开的时间、地点、方式，以及是否符合有关法律、行政法规、部门规章、规范性文件和公司章程规定的说明；

（三）委托他人出席和缺席的董事人数和姓名、缺席的理由和受托董事姓名；

（四）每项议案获得的同意、反对和弃权的票数以及有关董事反对或者弃权的理由；

（五）涉及关联交易的，说明应当回避表决的董事姓名、理由和回避情况；

（六）需要独立董事事前认可或者独立发表意见的，说明事前认可情况或者所发表的意见；

（七）审议事项的具体内容和会议形成的决议。

8.1.5　上市公司召开监事会会议，应当在会议结束后及时将监事会决议报送本所备案，经本所登记后公告。

监事会决议应当经过与会监事签字确认。监事应当保证监事会决议公告的内容真实、准确、完整，没有虚假记载、误导性陈述或者重大遗漏。

8.1.6　监事会决议公告应当包括以下内容：

（一）会议召开的时间、地点、方式，以及是否符合有关法律、行政法规、部门规章、规范性文件和公司章程规定的说明；

（二）委托他人出席和缺席的监事人数、姓名、缺席的理由和受托监事姓名；

（三）每项议案获得的同意、反对、弃权票数，以及有关监事反对或者弃权的理由；

（四）审议事项的具体内容和会议形成的决议。

第二节　股东大会决议

8.2.1　上市公司应当在年度股东大会召开二十日前或者临时股东大会召开十五日前，以公告方式向股东发出股东大会通知。股东大会通知中应当列明会议召开的时间、地点、方式，以及会议召集人和股权登记日等事项，并充分、完整地披露所有提案的具体内容。公司还应当同时在本所指定网站披露有助于股东对拟讨论的事项作出合理判断所必需的其他资料。

上市公司股东大会应当设置会场，以现场会议形式召开。现场会议时间、地点的选择应当便于与股东参加。股东大会通知发出后，无正当理由的，股东大会现场会议召开地点不得变更。确需变更的，召集人应当于现场会议召开日期的至少二个交易日之前发布通知并说明具体原因。

上市公司应当以网络投票的方式为股东参加股东大会提供便利。股东通过上述方式参加股东大会的，视为出席。

8.2.2　上市公司应当在股东大会结束当日，将股东大会决议公告文稿、股东大会决议和法律意见书报送本所，经本所登记后披露股东大会决议公告。

本所要求提供股东大会会议记录的，上市公司应当按本所要求提供。

8.2.3　上市公司发出股东大会通知后，无正当理由不得延期或者取消股东大会，通知中列明的提案不得取消。一旦出现延期或者取消的情形，上市公司应当在原定召开日期的至少二个交易日之前发布通知，说明延期或者取消的具体原因。延期召开股东大会的，上市公司应当在通知中公布延期后的召开日期。

8.2.4　股东大会召开前股东提出临时提案的，上市公司应当在规定时间内发出股东大会补充通知，披露提出临时提案的股东姓名或者名称、持股比例和新增提案的内容。

8.2.5　股东自行召集股东大会的，应当在发出股东大会通知前书面通知上市公司董事会并将有关文件报送本所备案。

在公告股东大会决议前，召集股东持股比例不得低于公司总股份的10%，召集股东应当在发出股东大会通知前申请在上述期间锁定其持有的公司股份。

股东大会会议期间发生突发事件导致会议不能正常召开的，上市公司应当立即说明原因并披露相关情况以及律师出具的专项法律意见书。

8.2.6　股东大会决议公告应当包括以下内容：

（一）会议召开的时间、地点、方式、召集人和主持人，以及是否符合有关法律、行政法规、部门规章、规范性文件和公司章程的说明。

（二）出席会议的股东（代理人）人数、所持（代理）股份及占上市公司有表决权总股份的比例。

（三）每项提案的表决方式。

（四）每项提案的表决结果。对股东提案作出决议的，应当列明提案股东的名称或者姓名、持股比例和提案内容；涉及关联交易事项的，应当说明关联股东回避表决情况。

发行境内上市外资股或者同时有证券在境外证券交易所上市的公司，还应当说明股东大会通知情况、内资股股东和外资股股东分别出席会议及表决情况。

（五）法律意见书的结论性意见。

（六）中国证监会和本所要求披露的其他相关内容。

上市公司在披露股东大会决议公告的同时，应当在中国证监会指定网站披露法律意见书全文。

8.2.7　上市公司在股东大会上不得披露、泄漏未公开重大信息。

第 九 章

应披露的交易

9.1　本章所称“交易”包括下列事项：

（一）购买或者出售资产；

（二）对外投资（含委托理财、委托贷款、对子公司投资等）；

（三）提供财务资助；

（四）提供担保；

（五）租入或者租出资产；

（六）签订管理方面的合同（含委托经营、受托经营等）；

（七）赠与或者受赠资产；

（八）债权或者债务重组；

（九）研究与开发项目的转移；

（十）签订许可协议；

（十一）本所认定的其他交易。

上述购买、出售的资产不含购买原材料、燃料和动力，以及出售产品、商品等与日常经营相关的资产，但资产置换中涉及购买、出售此类资产的，仍包含在内。

9.2　上市公司发生的交易达到下列标准之一的，应当及时披露：

（一）交易涉及的资产总额占上市公司最近一期经审计总资产的10%以上，该交易涉及的资产总额同时存在账面值和评估值的，以较高者作为计算数据；

（二）交易标的（如股权）在最近一个会计年度相关的营业收入占上市公司最近一个会计年度经审计营业收入的10%以上，且绝对金额超过一千万元；

（三）交易标的（如股权）在最近一个会计年度相关的净利润占上市公司最近一个会计年度经审计净利润的10%以上，且绝对金额超过一百万元；

（四）交易的成交金额（含承担债务和费用）占上市公司最近一期经审计净资产的10%以上，且绝对金额超过一千万元；

（五）交易产生的利润占上市公司最近一个会计年度经审计净利润的10%以上，且绝对金额超过一百万元。

上述指标计算中涉及的数据如为负值，取其绝对值计算。

9.3　上市公司发生的交易（上市公司受赠现金资产除外）达到下列标准之一的，上市公司除应当及时披露外，还应当提交股东大会审议：

（一）交易涉及的资产总额占上市公司最近一期经审计总资产的50%以上，该交易涉及的资产总额同时存在账面值和评估值的，以较高者作为计算数据；

（二）交易标的（如股权）在最近一个会计年度相关的营业收入占上市公司最近一个会计年度经审计营业收入的50%以上，且绝对金额超过五千万元；

（三）交易标的（如股权）在最近一个会计年度相关的净利润占上市公司最近一个会计年度经审计净利润的50%以上，且绝对金额超过五百万元；

（四）交易的成交金额（含承担债务和费用）占上市公司最近一期经审计净资产的50%以上，且绝对金额超过五千万元；

（五）交易产生的利润占上市公司最近一个会计年度经审计净利润的50%以上，且绝对金额超过五百万元。

上述指标计算中涉及的数据如为负值，取其绝对值计算。

9.4 上市公司与同一交易方同时发生本规则第9.1条第（二）项至第（四）项以外各项中方向相反的两个交易时，应当按照其中单个方向的交易涉及指标中较高者计算披露标准。

9.5 交易标的为股权，且购买或者出售该股权将导致上市公司合并报表范围发生变更的，该股权对应公司的全部资产和营业收入视为本规则第9.2条和第9.3条所述交易涉及的资产总额和与交易标的相关的营业收入。

9.6 上市公司发生的交易仅达到本规则9.3条第（三）项或者第（五）项标准，且上市公司最近一个会计年度每股收益的绝对值低于0.05元的，上市公司可以向本所申请豁免适用第9.3条提交股东大会审议的规定。

9.7 对于达到本规则第9.3条规定标准的交易，若交易标的为公司股权，上市公司应当聘请具有从事证券、期货相关业务资格会计师事务所对交易标的最近一年又一期财务会计报告进行审计，审计截止日距审议该交易事项的股东大会召开日不得超过六个月；若交易标的为股权以外的其他资产，公司应当聘请具有从事证券、期货相关业务资格资产评估机构进行评估，评估基准日距审议该交易事项的股东大会召开日不得超过一年。

对于未达到第9.3条规定标准的交易，若本所认为有必要的，公司也应当按照前款规定，聘请相关会计师事务所或者资产评估机构进行审计或者评估。

9.8 上市公司发生本规则第9.1条规定的“购买或者出

售资产”交易时，应当以资产总额和成交金额中的较高者作为计算标准，并按交易事项的类型在连续十二个月内累计计算，经累计计算达到最近一期经审计总资产30%的，除应当披露并参照本规则第9.7条进行审计或者评估外，还应当提交股东大会审议，并经出席会议的股东所持表决权的三分之二以上通过。

已按照前款规定履行相关义务的，不再纳入相关的累计计算范围。

9.9　上市公司对外投资设立有限责任公司或者股份有限公司，应当以协议约定的全部出资额为标准适用本规则第9.2条和第9.3条的规定。

9.10　上市公司发生本规则第9.1条规定的“提供财务资助”和“委托理财”等事项时，应当以发生额作为计算标准，并按交易事项的类型在连续十二个月内累计计算，经累计计算达到本规则第9.2条或者第9.3条标准的，适用第9.2条或者第9.3条的规定。

已按照第9.2条或者第9.3条规定履行相关义务的，不再纳入相关的累计计算范围。

9.11　上市公司发生本规则第9.1条规定的“提供担保”事项时，应当经董事会审议后及时对外披露。

“提供担保”事项属于下列情形之一的，还应当在董事会审议通过后提交股东大会审议：

（一）单笔担保额超过上市公司最近一期经审计净资产10%的担保；

（二）上市公司及其控股子公司的对外担保总额，超过上市公司最近一期经审计净资产50%以后提供的任何担保；

（三）为资产负债率超过70%的担保对象提供的担保；

（四）连续十二个月内担保金额超过公司最近一期经审计总资产的30%；

（五）连续十二个月内担保金额超过公司最近一期经审计净资产的50%且绝对金额超过五千万元；

（六）对股东、实际控制人及其关联人提供的担保；

（七）本所或者公司章程规定的其他担保情形。

董事会审议担保事项时，应当经出席董事会会议的三分之二以上董事审议同意。股东大会审议前款第（四）项担保事项时，应当经出席会议的股东所持表决权的三分之二以上通过。

股东大会在审议为股东、实际控制人及其关联人提供的担保议案时，该股东或者受该实际控制人支配的股东，不得参与该项表决，该项表决须经出席股东大会的其他股东所持表决权的半数以上通过。

9.12　上市公司在十二个月内发生的交易标的相关的同类交易，应当按照累计计算的原则适用本规则第9.2条或者第9.3条规定。

已按照第9.2条或者第9.3条规定履行相关义务的，不再纳入相关的累计计算范围。

9.13　对于已披露的担保事项，上市公司还应当在出现下列情形之一时及时披露：

（一）被担保人于债务到期后十五个交易日内未履行还款义务的；

（二）被担保人出现破产、清算及其他严重影响还款能力情形的。

9.14　上市公司披露交易事项时，应当向本所提交下列文件：

（一）公告文稿；

（二）与交易有关的协议书或者意向书；

（三）董事会决议、独立董事意见及董事会决议公告文稿（如适用）；

（四）交易涉及的政府批文（如适用）；

（五）中介机构出具的专业报告（如适用）；

（六）本所要求的其他文件。

9.15　上市公司应当根据交易事项的类型，披露下述所有适用其交易的有关内容：

（一）交易概述和交易各方是否存在关联关系的说明；对于按照累计计算原则达到标准的交易，还应当简要介绍各单项交易情况和累计情况。

（二）交易对方的基本情况。

（三）交易标的的基本情况，包括标的的名称、账面值、评估值、运营情况、有关资产是否存在抵押、质押或者其他第三人权利、是否存在涉及有关资产的重大争议、诉讼或者仲裁事项、是否存在查封、冻结等司法措施。

交易标的为股权的，还应当说明该股权对应的公司的基本情况和最近一年又一期经审计的资产总额、负债总额、净资产、营业收入和净利润等财务数据。

出售控股子公司股权导致上市公司合并报表范围变更的，还应当说明上市公司是否存在为该子公司提供担保、委托该子公司理财，以及该子公司占用上市公司资金等方面的情况；如存在，应当披露前述事项涉及的金额、对上市公司的影响和解决措施。

（四）交易协议的主要内容，包括成交金额、支付方式（如现金、股权、资产置换等）、支付期限或者分期付款的安排、协议的生效条件、生效时间以及有效期限等；交易协议有任何形式的附加或者保留条款，应当予以特别说明。

交易须经股东大会或者有权部门批准的，还应当说明需履行的合法程序及其进展情况。

（五）交易定价依据、支出款项的资金来源。

（六）交易标的的交付状态、交付和过户时间。

（七）公司预计从交易中获得的利益（包括潜在利益），以及交易对公司本期和未来财务状况和经营成果的影响。

（八）关于交易对方履约能力的分析。

（九）交易涉及的人员安置、土地租赁、债务重组等情况。

（十）关于交易完成后可能产生关联交易情况的说明。

（十一）关于交易完成后可能产生同业竞争及相关应对措施的说明。

（十二）中介机构及其意见。

（十三）本所要求的有助于说明交易实质的其他内容。

9.16 上市公司披露提供担保事项，除适用本规则第9.15条的规定外，还应当披露截至公告日上市公司及其控股子公司对外担保总额、上市公司对控股子公司提供担保的总额、上述数额分别占上市公司最近一期经审计净资产的比例。

9.17 上市公司与其合并报表范围内的控股子公司发生的或者上述控股子公司之间发生的交易，除中国证监会或者本所另有规定外，免于按照本章规定披露和履行相应程序。

第十章

关联交易

第一节　关联交易及关联人

10.1.1　上市公司的关联交易，是指上市公司或者其控股子公司与上市公司关联人之间发生的转移资源或者义务的事项，包括：

（一）本规则第9.1条规定的交易事项；

（二）购买原材料、燃料、动力；

（三）销售产品、商品；

（四）提供或者接受劳务；

（五）委托或者受托销售；

（六）关联双方共同投资；

（七）其他通过约定可能造成资源或者义务转移的事项。

10.1.2　上市公司的关联人包括关联法人和关联自然人。

10.1.3　具有下列情形之一的法人或者其他组织，为上市公司的关联法人：

（一）直接或者间接地控制上市公司的法人或者其他组织；

（二）由前项所述法人直接或者间接控制的除上市公司及其控股子公司以外的法人或者其他组织；

（三）由本规则第10.1.5条所列上市公司的关联自然人直接或者间接控制的，或者担任董事、高级管理人员的，除上市公司及其控股子公司以外的法人或者其他组织；

（四）持有上市公司5%以上股份的法人或者其他组织及其一致行动人；

（五）中国证监会、本所或者上市公司根据实质重于形式的原则认定的其他与上市公司有特殊关系，可能或者已经造成上市公司对其利益倾斜的法人或者其他组织。

10.1.4　上市公司与本规则第10.1.3条第（二）项所列法人受同一国有资产管理机构控制而形成第10.1.3条第（二）项所述情形的，不因此构成关联关系，但该法人的董事长、总经理或者半数以上的董事属于本规则第10.1.5条第（二）项所列情形者除外。

10.1.5　具有下列情形之一的自然人，为上市公司的关联自然人：

（一）直接或者间接持有上市公司5%以上股份的自然人；

（二）上市公司董事、监事及高级管理人员；

（三）本规则第10.1.3条第（一）项所列法人的董事、监事及高级管理人员；

（四）本条第（一）项、第（二）项所述人士的关系密切的家庭成员，包括配偶、父母及配偶的父母、兄弟姐妹及其配偶、年满十八周岁的子女及其配偶、配偶的兄弟姐妹和子女配偶的父母；

（五）中国证监会、本所或者上市公司根据实质重于形式的原则认定的其他与上市公司有特殊关系，可能造成上市公司对其利益倾斜的自然人。

10.1.6 具有下列情形之一的法人或者自然人，视同为上市公司的关联人：

（一）因与上市公司或者其关联人签署协议或者作出安排，在协议或者安排生效后，或者在未来十二个月内，具有本规则第10.1.3条或者第10.1.5条规定情形之一的；

（二）过去十二个月内，曾经具有本规则第10.1.3条或者第10.1.5条规定情形之一的。

10.1.7 上市公司董事、监事、高级管理人员、持股5%以上的股东及其一致行动人、实际控制人，应当将与其存在关联关系的关联人情况及时告知上市公司。

公司应当及时将上述关联人情况报本所备案。

第二节 关联交易的程序与披露

10.2.1 上市公司董事会审议关联交易事项时，关联董事应当回避表决，也不得代理其他董事行使表决权。该董事会会议由过半数的非关联董事出席即可举行，董事会会议所做决议须经非关联董事过半数通过。出席董事会的非关联董事人数不足三人的，上市公司应当将该交易提交股东大会审议。

前款所称关联董事包括下列董事或者具有下列情形之一的董事：

（一）交易对方；

（二）在交易对方任职，或者在能直接或者间接控制该交易对方的法人或者其他组织、该交易对方直接或者间接控制的法人或者其他组织任职；

（三）拥有交易对方的直接或者间接控制权的；

（四）交易对方或者其直接或者间接控制人的关系密切的家庭成员［具体范围参见本规则第10.1.5条第（四）项的规定］；

（五）交易对方或者其直接或者间接控制人的董事、监事和高级管理人员的关系密切的家庭成员［具体范围参见本规则第10.1.5条第（四）项的规定］；

（六）中国证监会、本所或者上市公司认定的因其他原因使其独立的商业判断可能受到影响的人士。

10.2.2　股东大会审议关联交易事项时，下列股东应当回避表决：

（一）交易对方；

（二）拥有交易对方直接或者间接控制权的；

（三）被交易对方直接或者间接控制的；

（四）与交易对方受同一法人或者自然人直接或者间接控制的；

（五）在交易对方任职，或者在能直接或者间接控制该交易对方的法人单位或者该交易对方直接或者间接控制的法人单位任职的（适用于股东为自然人的）；

（六）因与交易对方或者其关联人存在尚未履行完毕的股权转让协议或者其他协议而使其表决权受到限制或者影响的；

（七）中国证监会或者本所认定的可能造成上市公司对其利益倾斜的法人或者自然人。

10.2.3　上市公司与关联自然人发生的交易金额在三十万元以上的关联交易，应当及时披露。

公司不得直接或者通过子公司向董事、监事、高级管理人员提供借款。

10.2.4　上市公司与关联法人发生的交易金额在三百万元以上，且占上市公司最近一期经审计净资产绝对值0.5%以上的关联交易，应当及时披露。

10.2.5　上市公司与关联人发生的交易（上市公司获赠现金资产和提供担保除外）金额在三千万元以上，且占上市公司最近一期经审计净资产绝对值5%以上的关联交易，除应当及时披露外，还应当比照本规则第9.7条的规定聘请具有从事证券、期货相关业务资格的中介机构，对交易标的进行评估或者审计，并将该交易提交股东大会审议。

本规则第10.2.11条所述与日常经营相关的关联交易所涉及的交易标的，可以不进行审计或者评估。

10.2.6　上市公司为关联人提供担保的，不论数额大小，均应当在董事会审议通过后提交股东大会审议。

10.2.7　上市公司披露关联交易事项时，应当向本所提交下列文件：

（一）公告文稿。

（二）本规则第9.14条第（二）项至第（五）项所列文件。

（三）独立董事事前认可该交易的书面文件。

（四）独立董事意见。

（五）本所要求提供的其他文件。

10.2.8　上市公司披露的关联交易公告应当包括以下内容：

（一）交易概述及交易标的的基本情况。

（二）独立董事的事前认可情况和发表的独立意见。

（三）董事会表决情况（如适用）。

（四）交易各方的关联关系说明和关联人基本情况。

（五）交易的定价政策及定价依据，包括成交价格与交易标的账面值、评估值以及明确、公允的市场价格之间的关系以及因交易标的特殊而需要说明的与定价有关的其他特定事项。

若成交价格与账面值、评估值或者市场价格差异较大的，应当说明原因。如交易有失公允的，还应当披露本次关联交易所产生的利益转移方向。

（六）交易协议的主要内容，包括交易价格、交易结算方式、关联人在交易中所占权益的性质和比重，协议生效条件、生效时间、履行期限等。

（七）交易目的及对上市公司的影响，包括进行此次关联交易的必要性和真实意图，对本期和未来财务状况和经营成果的影响等。

（八）当年年初至公告日与该关联人累计已发生的各类关联交易的总金额。

（九）本规则第9.15条规定的其他内容。

（十）中国证监会和本所要求的有助于说明交易实质的其他内容。

10.2.9　上市公司发生的关联交易涉及本规则第9.1条规定的“提供财务资助”、“委托理财”等事项时，应当以发生额作为计算标准，并按交易事项的类型在连续十二个月内累计计算，经累计计算达到本规则第10.2.3条、第10.2.4条和第10.2.5条标准的，适用第10.2.3条、第10.2.4条和第10.2.5条的规定。

已按照第10.2.3条、第10.2.4条或者第10.2.5条规定履行相关义务的，不再纳入相关的累计计算范围。

10.2.10　上市公司在连续十二个月内发生的以下关联交易，应当按照累计计算的原则适用本规则第10.2.3条、第10.2.4条和第10.2.5条规定：

（一）与同一关联人进行的交易；

（二）与不同关联人进行的与同一交易标的相关的交易。

上述同一关联人包括与该关联人受同一主体控制或者相互存在股权控制关系的其他关联人。

已按照第10.2.3条、第10.2.4条或者第10.2.5条规定履行相关义务的，不再纳入相关的累计计算范围。

10.2.11　上市公司与关联人进行本规则第10.1.1条第（二）项至第（五）项所列的与日常经营相关的关联交易事项，应当按照下述规定进行披露并履行相应审议程序：

（一）对于首次发生的日常关联交易，公司应当与关联人订立书面协议并及时披露，根据协议涉及的交易金额分别适用本规则第10.2.3条、第10.2.4条或者第10.2.5条的规定提交董事会或者股东大会审议；协议没有具体交易金额的，应当提交股东大会审议。

（二）已经公司董事会或者股东大会审议通过且正在执行的日常关联交易协议，如果执行过程中主要条款未发生重大变化的，公司应当在定期报告中按要求披露相关协议的实际履行情况，并说明是否符合协议的规定；如果协议在执行过程中主要条款发生重大变化或者协议期满需要续签的，公司应当将新修订或者续签的日常关联交易协议，根据协议涉及的交易金额分别适用第10.2.3条、第10.2.4条或者第10.2.5条的规定提交董事会或者股东大会审议；协议没有具体交易金额的，应当提交股东大会审议。

（三）对于每年发生的数量众多的日常关联交易，因需要经常订立新的日常关联交易协议而难以按照本条第（一）项规定将每份协议提交董事会或者股东大会审议的，公司可以在披露上一年度报告之前，对本公司当年度将发生的日常关联交易总金额进行合理预计，根据预计金额分别适用第10.2.3条、第10.2.4条或者第10.2.5条的规定提交董事会或者股东大会审议并披露；对于预计范围内的日常关联交易，公司应当在年度报告和半年度报告中予以披露。如果在实际执行中日常关联交易金额超过预计总金额的，公司应当根据超出金额分别适用第10.2.3条、第10.2.4条或者第10.2.5条的规定重新提交董事会或者股东大会审议并披露。

10.2.12　日常关联交易协议至少应当包括交易价格、定价原则和依据、交易总量或者其确定方法、付款方式等主要条款。

协议未确定具体交易价格而仅说明参考市场价格的，公司在按照本规则第10.2.11条规定履行披露义务时，应当同时披露实际交易价格、市场价格及其确定方法、两种价格存在差异的原因。

10.2.13　上市公司与关联人签订日常关联交易协议的期限超过三年的，应当每三年根据本节规定重新履行审议程序及披露义务。

10.2.14　上市公司因公开招标、公开拍卖等行为导致公司与关联人的关联交易时，公司可以向本所申请豁免按照本章规定履行相关义务。

10.2.15　上市公司与关联人达成以下关联交易时，可以免予按照本章规定履行相关义务：

（一）一方以现金方式认购另一方公开发行的股票、公司债券或者企业债券、可转换公司债券或者其他衍生品种；

（二）一方作为承销团成员承销另一方公开发行的股票、公司债券或者企业债券、可转换公司债券或者其他衍生品种；

（三）一方依据另一方股东大会决议领取股息、红利或者报酬；

（四）本所认定的其他情况。

第十一章

其他重大事件

第一节　重大诉讼和仲裁

11.1.1　上市公司发生的重大诉讼、仲裁事项涉及金额占公司最近一期经审计净资产绝对值10%以上，且绝对金额超过一千万元的，应当及时披露。

未达到前款标准或者没有具体涉案金额的诉讼、仲裁事项，董事会基于案件特殊性认为可能对公司股票及其衍生品种交易价格产生较大影响，或者本所认为有必要的，以及涉及公司股东大会、董事会决议被申请撤销或者宣告无效的诉讼的，公司也应当及时披露。

11.1.2　上市公司发生的重大诉讼、仲裁事项应当采取连续十二个月累计计算的原则，经累计计算达到本规则第11.1.1条标准的，适用第11.1.1条规定。

已按照第11.1.1条规定履行相关义务的，不再纳入累计计算范围。

11.1.3　上市公司披露重大诉讼、仲裁事项时应当向本所提交下列文件：

（一）公告文稿；

（二）起诉书或者仲裁申请书、受理（应诉）通知书；

（三）裁定书、判决书或者裁决书；

（四）本所要求的其他材料。

11.1.4　上市公司关于重大诉讼、仲裁事项的公告应当包括以下内容：

（一）案件受理情况和基本案情；

（二）案件对公司本期利润或者期后利润的影响；

（三）公司及控股子公司是否还存在尚未披露的其他诉讼、仲裁事项；

（四）本所要求的其他内容。

11.1.5　上市公司应当及时披露重大诉讼、仲裁事项的重大进展情况及其对公司的影响，包括但不限于诉讼案件的一审和二审判决结果、仲裁裁决结果以及判决、裁决执行情况等。

第二节　变更募集资金投资项目

11.2.1　上市公司拟变更募集资金投资项目的，应当自董事会审议后及时披露，并提交股东大会审议。

11.2.2　上市公司变更募集资金投资项目，应当向本所提交下列文件：

（一）公告文稿；

（二）董事会决议和决议公告文稿；

（三）独立董事对变更募集资金投资项目的意见；

（四）监事会对变更募集资金投资项目的意见；

（五）保荐人对变更募集资金投资项目的意见（如适用）；

（六）关于变更募集资金投资项目的说明；

（七）新项目的合作意向书或者协议；

（八）新项目立项机关的批文；

（九）新项目的可行性研究报告；

（十）相关中介机构报告；

（十一）终止原项目的协议；

（十二）本所要求的其他文件。

公司应当根据新项目的具体情况，向本所提供上述第（六）项至第（十一）项所述全部或者部分文件。

11.2.3 上市公司变更募集资金投资项目，应当披露以下内容：

（一）原项目基本情况及变更的具体原因；

（二）新项目的基本情况、市场前景和风险提示；

（三）新项目已经取得或者尚待有关部门审批的说明（如适用）；

（四）有关变更募集资金投资项目尚需提交股东大会审议的说明；

（五）本所要求的其他内容。

新项目涉及购买资产、对外投资的，还应当比照本规则的相关规定进行披露。

第三节 业绩预告、业绩快报和盈利预测

11.3.1 上市公司预计全年度、半年度、前三季度经营业绩将出现下列情形之一的，应当及时进行业绩预告：

（一）净利润为负值；

（二）净利润与上年同期相比上升或者下降50%以上；

（三）实现扭亏为盈。

11.3.2 以下比较基数较小的上市公司出现本规则第

11.3.1 条第（二）项情形的，经本所同意可以豁免进行业绩预告：

（一）上一年年度每股收益绝对值低于或者等于 0.05 元；

（二）上一年半年度每股收益绝对值低于或者等于 0.03 元；

（三）上一年前三季度每股收益绝对值低于或者等于 0.04 元。

11.3.3 上市公司应当合理、谨慎、客观、准确地披露业绩预告。公司披露业绩预告后，又预计本期业绩与已披露的业绩预告差异较大的，应当按本所的相关规定及时披露业绩预告修正公告。

11.3.4 上市公司披露业绩预告或者业绩预告修正公告时，应当向本所提交下列文件：

（一）公告文稿；

（二）董事会的有关说明；

（三）注册会计师对公司作出业绩预告或者修正其业绩预告的依据及过程是否适当和审慎的意见（如适用）；

（四）本所要求的其他文件。

11.3.5 上市公司披露的业绩预告修正公告应当包括以下内容：

（一）预计的本期业绩；

（二）预计的本期业绩与已披露的业绩预告存在的差异及造成差异的原因；

（三）董事会的致歉说明；

（四）董事会对公司内部责任人的认定情况（如适用）；

（五）关于公司股票交易可能被实施或者撤销风险警示，或者股票可能终止上市的说明（如适用）。

若业绩预告修正经过注册会计师预审计的，还应当说明公司与注册会计师在业绩预告方面是否存在分歧及分歧所在。

11.3.6　上市公司可以在定期报告披露前发布业绩快报，业绩快报应当披露上市公司本期及上年同期营业收入、营业利润、利润总额、净利润、总资产、净资产、每股收益、每股净资产和净资产收益率等数据和指标。上市公司披露业绩快报时，应当向本所提交下列文件：

（一）公告文稿；

（二）经公司现任法定代表人、主管会计工作的负责人、总会计师（如有）、会计机构负责人（会计主管人员）签字并盖章的比较式资产负债表和利润表；

（三）本所要求的其他文件。

11.3.7　上市公司应当确保业绩快报中的财务数据和指标与相关定期报告的实际数据和指标不存在重大差异。若有关财务数据和指标的差异幅度达到20%以上的，上市公司应当在披露相关定期报告的同时，以董事会公告的形式进行致歉，并说明差异内容及其原因、对公司内部责任人的认定情况等。

11.3.8　上市公司预计本期业绩与已披露的盈利预测有重大差异的，应当及时披露盈利预测修正公告，并向本所提交下列文件：

（一）公告文稿；

（二）董事会的有关说明；

（三）董事会关于确认修正盈利预测的依据及过程是否适当和审慎的函件；

（四）注册会计师关于实际情况与盈利预测存在差异的专项说明；

（五）本所要求的其他文件。

11.3.9　上市公司披露的盈利预测修正公告应当包括以下内容：

（一）预计的本期业绩；

（二）预计的本期业绩与已披露的盈利预测存在的差异及

造成差异的原因；

（三）关于公司股票交易可能被实施或者撤销风险警示，或者股票可能终止上市的说明（如适用）。

第四节　利润分配和资本公积金转增股本

11.4.1　上市公司应当在董事会审议通过利润分配或者资本公积金转增股本方案（以下简称“方案”）后，及时披露方案的具体内容。

11.4.2　上市公司在实施方案前，应当向本所提交下列文件：

（一）方案实施公告；

（二）相关股东大会决议；

（三）结算公司有关确认方案具体实施时间的文件；

（四）本所要求的其他文件。

11.4.3　上市公司应当于实施方案的股权登记日前三至五个交易日内披露方案实施公告。

11.4.4　方案实施公告应当包括以下内容：

（一）通过方案的股东大会届次和日期；

（二）派发现金股利、股份股利、资本公积金转增股本的比例（以每十股表述）、股本基数（按实施前实际股本计算）以及是否含税和扣税情况等；

（三）股权登记日、除权日、新增股份（未完成股权分置改革的公司为“新增可流通股份”）上市日；

（四）方案实施办法；

（五）股本变动结构表（按变动前总股本、本次派发红股数、本次转增股本数、变动后总股本、占总股本比例等项目列示）；

（六）派发股利、资本公积金转增股本后，需要调整的衍生品种行权（转股）价、行权（转股）比例、承诺的最低减持价情况等（如适用）；

（七）派发股份股利、资本公积金转增股本后，按新股本摊薄计算的上年度每股收益或者本年度半年每股收益；

（八）有关咨询办法。

11.4.5 上市公司应当在股东大会审议通过方案后两个月内，完成利润分配及公积金转增股本事宜。

第五节 股票交易异常波动和澄清

11.5.1 股票交易被中国证监会或者本所根据有关规定认定为异常波动的，上市公司应当于次一交易日开市前披露股票交易异常波动公告。在特殊情况下，本所可以安排公司在非交易日公告。

股票交易异常波动的计算从公告之日起重新开始。公告日为非交易日的，从次一交易日起重新开始计算。

11.5.2 上市公司披露股票交易异常波动公告时，应当向本所提交下列文件：

（一）公告文稿；

（二）董事会的分析说明；

（三）函询控股股东及其实际控制人的相关文件（如有）；

（四）有助于说明问题实质的其他文件。

11.5.3 上市公司披露的股票交易异常波动公告应当包括以下内容：

（一）股票交易异常波动情况的说明；

（二）对重要问题的关注、核实情况说明；

（三）是否存在应披露而未披露信息的声明；

（四）是否存在违反公平信息披露情形的说明；

（五）本所要求的其他内容。

11.5.4　公共媒体传播的消息（以下简称“传闻”）可能或者已经对公司股票及其衍生品种交易价格产生较大影响的，上市公司应当及时向本所提供传闻传播的证据，并披露澄清公告。

11.5.5　上市公司披露的澄清公告应当包括以下内容：

（一）传闻内容及其来源；

（二）传闻所涉及事项的真实情况；

（三）有助于说明问题实质的其他内容。

第六节　回购股份

11.6.1　本节适用于上市公司为减少注册资本而进行的回购，因实施股权激励方案等而进行的回购，依据中国证监会和本所的其他相关规定执行。

11.6.2　上市公司应当在董事会审议通过回购股份相关事项后，及时披露董事会决议、回购股份预案，并发布召开股东大会的通知。

回购股份预案至少应当包括以下内容：

（一）回购股份的目的；

（二）回购股份的方式；

（三）回购股份的价格或者价格区间、定价原则；

（四）拟回购股份的种类、数量及占总股本的比例；

（五）拟用于回购的资金总额及资金来源；

（六）回购股份的期限；

（七）预计回购后公司股权结构的变动情况；

（八）管理层关于本次回购股份对公司经营、财务及未来发展影响的分析。

11.6.3　上市公司应当聘请独立财务顾问就回购股份事宜进行尽职调查，出具独立财务顾问报告，并在股东大会召开五日前予以公告。

11.6.4　上市公司应当在回购股份股东大会召开三日前，公告回购股份董事会决议的前一个交易日及股东大会的股权登记日登记在册的前十名股东（未完成股权分置改革的上市公司为前十名社会公众股股东）的名称及持股数量、比例数据等。

11.6.5　上市公司股东大会对回购股份作出决议，须经出席会议的股东所持表决权的三分之二以上通过。

公司在股东大会作出回购股份决议后，应当在十日内通知债权人，并于三十日内在报纸上公告。

11.6.6　采用集中竞价方式回购股份的，上市公司应当在收到中国证监会无异议函后的五个交易日内公告回购报告书和法律意见书；采用要约方式回购股份的，上市公司应当在收到无异议函后的两个交易日内予以公告，并在实施回购方案前公告回购报告书和法律意见书。回购报告书应包括如下内容：

（一）本规则第11.6.2条规定的回购股份预案应当包括的内容。

（二）公司董事、监事、高级管理人员在股东大会回购决议公告前六个月是否存在买卖公司股票的行为，是否存在单独或者与他人联合进行内幕交易及市场操纵的说明。

（三）独立财务顾问就本次回购股份出具的结论性意见。

（四）律师事务所就本次回购股份出具的结论性意见。

（五）其他应说明的事项。以要约方式回购股份的，还应当对股东预受及撤回预受要约的方式和程序、股东委托办理要约回购中相关股份预受、撤回、结算、过户登记等事宜的证券公司名称及其通讯方式等事项作出说明。

11.6.7　上市公司距回购期届满三个月时仍未实施回购方案的，董事会应当就未能实施回购的原因予以公告。

11.6.8　以集中竞价交易方式回购股份的，在回购股份期间，上市公司应当在每个月的前三个交易日内，公告截至上月末的回购进展情况，包括已回购股份总额、购买的最高价和最低价、支付的总金额；上市公司通过集中竞价交易方式回购股份占上市公司总股本的比例每增加1%的，应当自该事实发生之日起两个交易日内予以公告；回购期届满或者回购方案已实施完毕的，上市公司应当在股份变动报告中披露已回购股份总额、购买的最高价和最低价、支付的总金额。

11.6.9　回购期届满或者回购方案已实施完毕的，上市公司应当停止回购行为，撤销回购专用账户，在两日内公告公司股份变动报告。

第七节　可转换公司债券涉及的重大事项

11.7.1　发行可转换公司债券的上市公司出现下列情形之一时，应当及时披露：

因发行新股、送股、分立及其他原因引起股份变动，需要调整转股价格，或者依据募集说明书约定的转股价格向下修正条款修正转股价格的。

可转换公司债券转换为股票的数额累计达到可转换公司债券开始转股前公司已发行股份总额的10%的。

公司信用状况发生重大变化，可能影响如期偿还债券本息的。

可转换公司债券担保人发生重大资产变动、重大诉讼，或者涉及合并、分立等情况的。

未转换的可转换公司债券数量少于三千万元的。

有资格的信用评级机构对可转换公司债券的信用或者公司的信用进行评级，并已出具信用评级结果的。

可能对可转换公司债券交易价格产生较大影响的其他重大事件。

中国证监会和本所规定的其他情形。

11.7.2 投资者持有上市公司已发行的可转换公司债券达到发行总量的20%时，应当在事实发生之日起两个交易日内通知上市公司予以公告。

持有上市公司已发行的可转换公司债券20%及以上的投资者，其所持上市公司已发行的可转换公司债券比例每增加或者减少10%时，应当在事实发生之日起两个交易日内依照前款规定履行报告和公告义务。

11.7.3 上市公司应当在可转换公司债券约定的付息日前三至五个交易日内披露付息公告，在可转换公司债券期满前三至五个交易日内披露本息兑付公告。

11.7.4 上市公司应当在可转换公司债券开始转股前三个交易日内披露实施转股的公告。

11.7.5 上市公司行使赎回权时，应当在每年首次满足赎回条件后的五个交易日内至少披露三次赎回公告。赎回公告应当载明赎回的程序、价格、付款方法、时间等内容。

赎回期结束，公司应当公告赎回结果及影响。

11.7.6 在可以行使回售权的年份内，上市公司应当在每年首次满足回售条件后的五个交易日内至少披露三次回售公告。回售公告应当载明回售的程序、价格、付款方法、时间等内容。

回售期结束后，公司应当公告回售结果及影响。

11.7.7 经股东大会批准变更募集资金投资项目的，上市公司应当在股东大会通过后二十个交易日内赋予可转换公司债券持有人一次回售的权利，有关回售公告至少披露三次，其中，在回售实施前、股东大会决议公告后五个交易日内至少披露一次，在回售实施期间至少披露一次，余下一次回售公告披露的时间视需要而定。

11.7.8　上市公司在可转换公司债券转换期结束的二十个交易日前应当至少披露三次提示公告，提醒投资者有关在可转换公司债券转换期结束前的十个交易日停止交易的事项。

公司出现可转换公司债券按规定须停止交易的其他情形时，应当在获悉有关情形后及时披露其可转换公司债券将停止交易的公告。

11.7.9　上市公司应当在每一季度结束后及时披露因可转换公司债券转换为股份所引起的股份变动情况。

第八节　收购及相关股份权益变动

11.8.1　在一个上市公司中拥有权益的股份达到该公司已发行股份的 5% 以上的股东及其实际控制人，其拥有权益的股份变动涉及《证券法》《上市公司收购管理办法》规定的收购或者股份权益变动情形的，该股东、实际控制人及其他相关信息披露义务人应当按照《证券法》《上市公司收购管理办法》等的规定履行报告和公告义务，并及时通知公司披露提示性公告。

公司应当在知悉上述收购或者股份权益变动时，及时对外披露公告。

11.8.2　上市公司控股股东以协议方式向收购人转让其所持股份时，控股股东或其关联人如存在未清偿对公司的负债、未解除公司为其提供的担保及其他损害公司利益情形的，公司董事会应当如实对外披露相关情况并提出解决措施。

11.8.3　上市公司涉及被要约收购的，应当在收购人公告

《要约收购报告书》后的二十日内披露《被收购公司董事会报告书》和独立财务顾问出具的专业意见。

收购人对要约收购条件作出重大修改的，被收购上市公司董事会应当在三个交易日内披露董事会和独立财务顾问的补充意见。

11.8.4　上市公司董事、监事、高级管理人员、员工或者其所控制或者委托的法人、其他组织拟对上市公司进行收购或者取得控制权的，上市公司应当披露由非关联董事表决作出的董事会决议、非关联股东表决作出的股东大会决议以及独立董事和独立财务顾问的意见。

上市公司控股子公司不得取得该上市公司发行的股份。确因特殊原因持有股份的，应当在一年内消除该情形，在消除前，上市公司控股子公司不得对其持有的股份行使表决权。

11.8.5　因上市公司减少股本，导致投资者及其一致行动人在该公司中拥有权益的股份达到该公司已发行股份的5%或者变动幅度达到该公司已发行股份的5%的，公司应当自完成减少股本的变更登记之日起两个交易日内就因此导致的公司股东权益的股份变动情况作出公告。

11.8.6　上市公司受股东委托代为披露相关股份变动过户手续事宜的，应当在获悉相关股份变动过户手续完成后及时对外公告。

11.8.7　上市公司收购及相关股份权益变动活动中的信息披露义务人在依法披露前，如相关信息已在媒体上传播或者公司股票及其衍生品种交易出现异常的，公司董事会应当立即问询有关当事人并对外公告。

11.8.8　上市公司股东、实际控制人未履行报告和公告义务的，公司董事会应当自知悉之日起作出报告和公告，并督促相关股东、实际控制人履行报告和公告义务。

11.8.9　上市公司股东、实际控制人未履行报告和公告义务，拒不履行相关配合义务，或者实际控制人存在不得收购上市公司的情形的，公司董事会应当拒绝接受被实际控制人支配的股东向董事会提交的提案或者临时提案，并及时报告本所及有关监管部门。

11.8.10　上市公司涉及其他上市公司的收购或者股份权益变动活动的，应当按照《证券法》《上市公司收购管理办法》等的规定履行报告、公告义务。

第九节　股权激励

11.9.1　实行股权激励计划的上市公司，应当严格遵守中国证监会和本所关于股权激励的相关规定，履行必要的审议程序和报告、公告义务。

11.9.2　上市公司应当在董事会审议通过股权激励计划后，及时按本所的要求提交材料，并对外披露股权激励计划公告。

董事会审议股权激励计划时，本次激励计划中成为激励对象的关联董事应当回避表决。

11.9.3　上市公司应当在股权激励计划授予条件成就后，及时召开董事会审议相关授予事项，并按本规则和本所关于股权激励的相关规定披露董事会对授予条件是否成就等事项的审议结果及授予安排情况。

11.9.4　上市公司应当按规定及时办理限制性股票或者股票期权的授予登记。

公司应当在完成限制性股票或者股票期权的授予登记后，及时披露限制性股票或者股票期权授予完成情况。

因上市公司权益分派等原因导致限制性股票、股票期权相关参数发生变化的，公司应当按照权益分配或者股权激励计划中约定的调整公式对相关数据进行调整，并及时披露调整情况。

11.9.5 上市公司应当在股权激励计划设定的限制性股票解除限售、股票期权行权条件得到满足后，及时召开董事会审议相关实施方案，并按本规则和本所关于股权激励的相关规定，披露董事会对限制性股票解除限售或者股票期权行权条件是否成就等事项的审议结果及具体实施安排。

11.9.6 上市公司应当按规定及时办理股权激励获授股份解除限售、股票期权行权的相关登记手续，并及时披露获授股份解除限售公告或者股票期权行权公告。

第十节 破 产

11.10.1 上市公司应当在董事会作出向法院申请重整、和解或者破产清算的决定时，或者知悉债权人向法院申请公司重整或者破产清算时，及时披露下列事项：

（一）公司作出申请决定的具体原因、正式递交申请的时间（适用于公司主动申请情形）；

（二）申请人的基本情况、申请目的、申请的事实和理由（适用于债权人申请情形）；

（三）申请重整、和解或者破产清算对公司的影响说明及风险提示；

（四）其他需要说明的情况。

11.10.2 上市公司应当及时披露法院受理重整、和解或者破产清算申请的相关进展情况，包括：

（一）法院受理重整、和解或者破产清算申请前，申请人请求撤回申请；

（二）法院作出受理或者不予受理重整、和解或者破产清算申请的裁定；

（三）本所要求披露的其他事项。

11.10.3 法院受理重整、和解或者破产清算申请的，上市公司应当及时披露下列内容：

（一）申请人名称（适用于债权人申请情形）；

（二）法院作出受理重整、和解或者破产清算申请裁定的时间及裁定的主要内容；

（三）法院指定的管理人的基本情况（包括管理人名称、负责人、成员、职责、处理事务的地址和联系方式等）；

（四）负责公司进入破产程序后信息披露事务的责任人情况（包括责任主体名称、成员、联系方式等）；

（五）本所要求披露的其他事项。

公司应当同时在公告中充分揭示其股票及其衍生品种可能被终止上市的风险。

公司股票及其衍生品种应当按照本规则第十四章的有关规定停牌、复牌和实施风险警示。

11.10.4 在法院受理破产清算申请后、宣告上市公司破产前，上市公司应当就所涉事项及时披露以下情况：

（一）公司或者出资额占公司注册资本十分之一以上的出资人向法院提出重整申请及申请时间、申请理由等情况；

（二）公司向法院提出和解申请及申请时间、申请理由等情况；

（三）法院作出同意或者不同意公司重整或者和解申请的裁定、裁定时间及裁定的主要内容；

（四）债权人会议计划召开情况；

（五）法院经审查发现公司不符合《中华人民共和国企业破产法》（以下简称《企业破产法》）规定情形而作出驳回公司破产申请裁定、裁定时间、裁定的主要内容以及相关申请人是否上诉的情况说明；

（六）本所要求披露的其他事项。

11.10.5　在重整期间，上市公司应当就所涉事项及时披露如下内容：

（一）债权申报情况（至少在法定申报债权期限内每月末披露一次）；

（二）重整计划草案的制定情况（包括向法院和债权人会议提交重整计划草案的时间、重整计划草案的主要内容等）；

（三）重整计划草案的表决通过和法院批准情况；

（四）法院强制批准重整计划草案情况；

（五）与重整有关的行政许可批准情况；

（六）法院裁定终止重整程序的原因及时间；

（七）法院裁定宣告公司破产的原因及时间；

（八）本所要求披露的其他事项。

重整期间公司股票及其衍生品种应当按照本规则第十四章的有关规定停牌、复牌和实施风险警示。

11.10.6　被法院裁定和解的上市公司，应当及时就所涉事项披露如下内容：

（一）债权申报情况（至少在法定申报债权期限内每月末披露一次）；

（二）公司向法院提交和解协议草案的时间及草案主要内容；

（三）和解协议草案的表决通过和法院认可情况；

（四）与和解有关的行政许可批准情况；

（五）法院裁定终止和解程序的原因及时间；

（六）法院裁定宣告公司破产的原因及时间；

（七）本所要求披露的其他事项。

11.10.7　在重整计划、和解协议执行期间，上市公司应当及时就所涉事项披露以下情况：

（一）重整计划、和解协议执行的重大进展情况；

（二）因公司不能执行或者不执行重整计划或者和解协议，法院经管理人、利害关系人或者债权人请求，裁定宣告公司破产的有关情况；

（三）本所要求披露的其他事项。

11.10.8 上市公司披露上述重整、和解或者破产清算事项时，应当按照披露事项所涉情形向本所提交下列文件：

（一）公告文稿；

（二）管理人说明文件；

（三）法院出具的法律文书；

（四）重整计划、和解协议草案；

（五）重整计划、和解协议草案涉及的有关部门审批文件；

（六）重整计划、和解协议草案涉及的协议书或者意向书；

（七）董事会决议；

（八）股东大会决议；

（九）债权人会议决议；

（十）职代会决议；

（十一）律师事务所出具的专门意见；

（十二）会计师事务所、资产评估机构等中介机构出具的文件；

（十三）本所要求的其他文件。

11.10.9 进入破产程序的上市公司，除应当及时披露上述信息外，还应当按照本规则和本所的其他有关规定，及时向本所报送并对外披露定期报告和临时报告。

11.10.10 上市公司采取管理人管理运作模式的，管理人及其成员应当按照《证券法》以及最高人民法院、中国证监会和本所的相关规定，真实、准确、完整、及时地履行信息披露义务，并确保对公司所有债权人和股东公平地披露信息。

公司披露的定期报告应当由管理人的成员签署书面确认意见，公司披露的临时报告应当由管理人发布并加盖管理人公章。

11.10.11　上市公司采取管理人监督运作模式的，公司董事会、监事会和高级管理人员应当继续按照本规则和本所其他有关规定履行信息披露义务。

管理人应当及时将涉及信息披露的所有事项告知公司董事会，并督促公司董事、监事和高级管理人员勤勉尽责地履行信息披露义务。

11.10.12　进入重整、和解程序的上市公司，其重整计划、和解协议涉及增加或者减少公司注册资本、发行公司债券、公司合并、公司分立、收购本公司股份等事项的，应当按相关规定履行必要的表决和审批程序，并按照本规则和本所其他有关规定履行信息披露义务。

第十一节　其　　他

11.11.1　上市公司和相关信息披露义务人应当严格遵守承诺事项。公司应当及时将公司承诺事项和相关信息披露义务人承诺事项单独摘出报送本所备案，同时在本所指定网站上单独披露。

公司应当在定期报告中专项披露上述承诺事项的履行情况。如出现公司或者相关信息披露义务人不能履行承诺的情形，公司应当及时披露具体原因和董事会拟采取的措施。

11.11.2　上市公司董事、监事、高级管理人员、控股股东、实际控制人、持有上市公司首次公开发行股票前已发行股份的股东、重组方及其一致行动人、上市公司购买资产对应经营实体的股份或者股权持有人，以及其他持有法律、行政法规、部门规章、规范性文件和本所规定的限售股的股东或者其他自愿承诺股份限售的股东，应当遵守其在公开募集及上市文件、信息披露文件或者其他文件中作出的公开承诺：如上市公司因首次公开发行股票、发行新股、构成借壳上市的重大资产重组的申请或者相关披露文件存在虚假记载、误导性陈述或者重大遗漏被证监会立案稽查的，暂停转让其拥有权益的公司股份。

11.11.3 上市公司出现下列使公司面临重大风险情形之一的，应当及时披露：

（一）发生重大亏损或者遭受重大损失；

（二）发生重大债务、未清偿到期重大债务或者重大债权到期未获清偿；

（三）可能依法承担的重大违约责任或者大额赔偿责任；

（四）计提大额资产减值准备；

（五）公司决定解散或者被依法强制解散；

（六）公司预计出现资不抵债（一般指净资产为负值）；

（七）主要债务人出现资不抵债或者进入破产程序，公司对相应债权未提取足额坏账准备；

（八）主要资产被查封、扣押、冻结或者被抵押、质押；

（九）主要或者全部业务陷入停顿；

（十）公司因涉嫌违法违规被有权机关调查或者受到重大行政处罚、刑事处罚；

（十一）公司董事、监事、高级管理人员因涉嫌违法违规被有权机关调查或者采取强制措施而无法履行职责，或者因身体、工作安排等其他原因无法正常履行职责达到或者预计达到三个月以上；

（十二）本所或者公司认定的其他重大风险情况。

上述事项涉及具体金额的，应当比照适用本规则 9.2 条的规定。

11.11.4　上市公司出现本规则第11.11.3条第（十）项情形且可能触及重大违法强制退市情形的，公司应当在知悉被相关行政机关立案调查或者被人民检察院提起公诉时及时对外披露，并在其后的每月披露一次风险提示公告，说明相关情况进展，并就其股票可能被实施重大违法强制退市进行风险提示。本所或公司董事会认为有必要的，可以增加风险提示公告的披露次数，并视情况对公司股票及其衍生品种的停牌与复牌作出相应安排。

11.11.5　上市公司出现下列情形之一的，应当及时披露：

（一）变更公司名称、股票简称、公司章程、注册资本、注册地址、办公地址和联系电话等，其中公司章程发生变更的，还应当将新的公司章程在本所指定网站上披露；

（二）经营方针和经营范围发生重大变化；

（三）变更会计政策、会计估计；

（四）董事会通过发行新股或者其他再融资方案；

（五）中国证监会发行审核委员会（含上市公司并购重组审核委员会）对公司发行新股或者其他再融资申请、重大资产重组事项提出相应的审核意见；

（六）持有公司5%以上股份的股东或者实际控制人持股情况或者控制公司的情况发生或者拟发生较大变化；

（七）公司董事长、经理、董事（含独立董事），或者三分之一以上的监事提出辞职或者发生变动；

（八）生产经营情况、外部条件或者生产环境发生重大变化（包括产品价格、原材料采购、销售方式等发生重大变化）；

（九）订立重要合同，可能对公司的资产、负债、权益和经营成果产生重大影响；

（十）新颁布的法律、行政法规、部门规章、规范性文件、政策可能对公司经营产生重大影响；

（十一）聘任、解聘为公司审计的会计师事务所；

（十二）法院裁定禁止控股股东转让其所持股份；

（十三）任一股东所持公司 5% 以上股份被质押、冻结、司法拍卖、托管、设定信托或者被依法限制表决权；

（十四）获得大额政府补贴等额外收益或者发生可能对上市公司的资产、负债、权益或者经营成果产生重大影响的其他事项；

（十五）本所或者公司认定的其他情形。

11.11.6 上市公司因前期已公开披露的财务会计报告存在差错或者虚假记载被责令改正，或者经董事会决定改正的，应当在被责令改正或者董事会作出相应决定时，及时予以披露，并按照中国证监会《公开发行证券的公司信息披露编报规则第 19 号——财务信息的更正及相关披露》等有关规定的要求，办理财务信息的更正及相关披露事宜。

11.11.7 上市公司涉及股份变动的减资（回购除外）、合并、分立方案，应当在获得中国证监会批准后，及时报告本所并公告。

11.11.8 上市公司减资、合并、分立方案实施过程中涉及信息披露和股份变更登记等事项的，应当按中国证监会和本所的有关规定办理。

第十二章

停牌和复牌

12.1 上市公司发生本规则规定的停牌、复牌事项，应当向本所申请对其股票及其衍生品种停牌与复牌。

本章未有明确规定的，公司可以以本所认为合理的理由向本所申请对其股票及其衍生品种停牌与复牌，本所视情况决定公司股票及其衍生品种的停牌与复牌事宜。

12.2 上市公司应当披露的重大信息如存在不确定性因素且预计难以保密的，或者在按规定披露前已经泄露的，公司应当立即向本所申请对其股票及其衍生品种停牌，直至按照规定披露后复牌。

12.3 上市公司在股东大会召开期间出现异常情况，或者未能在股东大会结束后的次一交易日开市前披露公司股东大会决议公告且决议内容涉及否决议案的，公司应当向本所申请股票及其衍生品种停牌，直至公司披露股东大会决议公告或者相关信息后复牌。

对于未按本规则规定披露公司股东大会决议公告或者未申请停牌的公司，本所可以视情况对其股票及其衍生品种实施停牌，直至公司按规定披露相关公告后复牌。

12.4 公共媒体中出现上市公司尚未披露的信息，可能或者已经对公司股票及其衍生品种交易价格产生较大影响的，本所可以在交易时间对公司股票及其衍生品种实施停牌，直至公司披露相关公告后复牌。

12.5 上市公司未在法定期限内披露年度报告、半年度报告，本所于相关定期报告披露期限届满后次一交易日，对该公司股票及其衍生品种实施停牌，后续按照本规则第十四章相关规定执行。

上市公司未在规定期限内披露季度报告的，本所于季度报告披露期限届满后次一交易日，对该公司股票及其衍生品种实施停牌，直至公司披露季度报告后复牌。

12.6 上市公司半数以上董事无法保证年度报告或者半年度报告真实、准确、完整且在相关定期报告披露的法定期限届满前仍有半数以上董事无法保证的，本所于相关定期报告披露期限届满后次一交易日，对该公司股票及其衍生品种实施停牌，后续按照本规则第十四章相关规定执行。

12.7 上市公司因财务会计报告存在重大会计差错或者虚假记载，被中国证监会责令改正但未在要求期限内改正的，本所自要求期限届满后次一个交易日起对公司股票及其衍生品种实施停牌，后续按本规则第十四章相关规定执行。

12.8 上市公司信息披露或规范运作等方面存在重大缺陷，被本所要求改正但未在要求期限内改正，本所自要求期限届满后次一个交易日起对公司股票及其衍生品种实施停牌，后续按照本规则第十四章相关规定执行。

12.9 上市公司出现股本总额或者因要约收购以外的其他原因导致股权分布连续二十个交易日不符合上市条件的，本所在二十个交易日届满后次一交易日，对该公司股票及其衍生品种实施停牌，后续按照本规则第十四章相关规定执行。

12.10 上市公司因收购人履行要约收购义务，或者收购人以终止上市公司上市地位为目的而发出全面要约的，要约收购期限届满至要约收购结果公告前，公司股票及其衍生品种应当停牌。

根据收购结果，被收购上市公司股权分布具备上市条件的，公司股票及其衍生品种于要约收购结果公告后复牌。

根据收购结果，被收购上市公司股权分布不再具备上市条件且收购人以终止公司上市地位为收购目的的，公司股票及其衍生品种于要约收购结果公告后继续停牌，并按照本规则第十四章第八节有关规定执行。

根据收购结果，被收购上市公司股权分布不再具备上市条件但收购人不以终止公司上市地位为收购目的的，公司股票及其衍生品种于要约收购结果公告后继续停牌，并参照本规则第14.4.8条及后续程序执行。

12.11　上市公司在其股票及其衍生品种被实施停牌期间，应当至少每五个交易日披露一次未能复牌的原因和相关事件进展情况，本规则另有规定的除外。

12.12　上市公司出现异常状况，本所对其股票交易实施风险警示的，该公司股票及其衍生品种按照本规则第十三章、第十四章的有关规定停牌与复牌。

公司出现本规则第十四章规定的情况，或者发生重大事件而影响公司股票及其衍生品种上市资格的，该公司股票及其衍生品种按照本规则第十四章的有关规定停牌与复牌。

公司股票因本规则第十三章、第十四章事项停牌、复牌的，其衍生品种应当与公司股票保持一致。

12.13　可转换公司债券上市交易期间出现下列情况之一时，可转换公司债券停止交易：

（一）可转换公司债券流通面值少于三千万元时，在公司披露相关公告三个交易日后停止其可转换公司债券的交易；

（二）可转换公司债券转换期结束前的十个交易日停止其交易；

（三）可转换公司债券在赎回期间停止交易；

（四）中国证监会和本所认为应当停止交易的其他情况。

12.14　除上述规定外，本所可以依据中国证监会的要求或者基于保护投资者合法权益、维护市场秩序的需要，作出上市公司股票及其衍生品种停牌与复牌的决定。

第十三章

风险警示

13.1　上市公司出现财务状况或者其他状况异常，导致其股票存在终止上市风险，或者投资者难以判断公司前景，其投资权益可能受到损害的，本所对该公司股票交易实施风险警示。

13.2　本规则所称风险警示分为提示存在终止上市风险的风险警示（以下简称“退市风险警示”）和其他风险警示。

上市公司股票交易被实施退市风险警示的，在股票简称前冠以“＊ST”字样，被实施其他风险警示的，在股票简称前冠以“ST”字样，以区别于其他股票。公司同时存在退市风险警示和其他风险警示情形的，在股票简称前冠以“＊ST”字样。

退市风险警示股票和其他风险警示股票进入风险警示板交易。

退市风险警示有关事项，按照本规则第十四章的规定执行。

13.3　上市公司出现下列情形之一的，本所对其股票交易实施其他风险警示：

（一）公司生产经营活动受到严重影响且预计在三个月内

不能恢复正常；

（二）公司主要银行账号被冻结；

（三）公司董事会、股东大会无法正常召开会议并形成决议；

（四）公司最近一年被出具无法表示意见或否定意见的内部控制审计报告或鉴证报告；

（五）公司向控股股东或控股股东关联人提供资金或者违反规定程序对外提供担保且情形严重的；

（六）公司最近三个会计年度扣除非经常性损益前后净利润孰低者均为负值，且最近一年审计报告显示公司持续经营能力存在不确定性；

（七）本所认定的其他情形。

13.4　本规则第 13.3 条第（五）项所述“向控股股东或控股股东关联人提供资金或者违反规定程序对外提供担保且情形严重”，是指上市公司存在下列情形之一且无可行的解决方案或者虽提出解决方案但预计无法在一个月内解决的：

（一）公司向控股股东或控股股东关联人提供资金的余额在一千万元以上，或者占公司最近一期经审计净资产的 5% 以上；

（二）公司违反规定程序对外提供担保的余额（担保对象为上市公司合并报表范围内子公司的除外）在一千万元以上，或占上市公司最近一期经审计净资产的 5% 以上。

公司无控股股东、实际控制人的，其向第一大股东或第一大股东关联人提供资金的，按照本章规定执行。

13.5　上市公司生产经营活动受到严重影响，或者出现本规则第 13.4 条情形的，应当及时对外披露，说明公司是否能在相应期限内解决，同时披露公司股票交易可能被实施其他风险警示的提示性公告。

公司应当至少每月披露一次相关进展情况和风险提示公

告，直至相应情形消除或公司股票交易被本所实施其他风险警示。

13.6　上市公司出现本规则第13.3条规定情形的，应当按照本所的要求披露股票交易被实施其他风险警示公告，说明被实施其他风险警示的起始日期、触及情形并提示相关风险。公司股票于公告后停牌一天，自复牌之日起，本所对该公司股票交易实施其他风险警示。

公司触及第13.3条情形但未按前款规定公告的，本所可以对该公司股票实施其他风险警示，并向市场公告。

13.7　上市公司因触及本规则第13.3条第（五）项情形其股票交易被实施其他风险警示的，在风险警示期间，应当至少每月披露一次进展公告，披露资金占用或者违规对外担保的解决进展情况，直至相应情形消除。公司没有采取措施或者相关工作没有进展的，也应当披露并说明具体原因。

公司因触及本规则第13.3条第（五）项以外的情形其股票交易被实施其他风险警示的，应当在相关事项取得重大进展或发生重大变化时及时披露。

13.8　上市公司认为其出现的本规则第13.3条规定相应情形已消除的，应当及时公告并说明是否将向本所申请撤销其他风险警示。公司拟申请撤销其他风险警示的，应当在披露之日起五个交易日内向本所提交申请。

公司全部其他风险警示情形均符合撤销条件，且不存在新增其他风险警示情形的，方可撤销其他风险警示。

13.9　上市公司向控股股东或控股股东关联人提供资金情形已消除，向本所申请对其股票交易撤销其他风险警示的，应当提交会计师事务所出具的专项审核报告、独立董事出具的专项意见等文件。

公司违规对外担保情形已消除，向本所申请对其股票交易撤销其他风险警示的，应当提交律师事务所出具的法律意见书、独立董事出具的专项意见等文件。

公司内部控制缺陷整改完成，内部控制能有效运行，向本所申请对其股票交易撤销其他风险警示的，应当提交会计师事务所对其最近一年内部控制出具的标准无保留意见的审计报告或鉴证报告和独立董事出具的专项意见等文件。

公司最近一年经审计的财务报告显示，其扣除非经常性损益前后的净利润孰低者为正值或者持续经营能力不确定性已消除，向本所申请对其股票交易撤销其他风险警示的，应当提交会计师事务所出具的最近一年审计报告和独立董事出具的专项意见等文件。

13.10　上市公司股票交易因触及本规则第 13.3 条第（四）项、第（六）项情形被本所实施其他风险警示的，在风险警示期间，公司进行重大资产重组且符合以下全部条件的，可以向本所申请对其股票交易撤销其他风险警示：

（一）根据中国证监会有关重大资产重组规定出售全部经营性资产和负债、购买其他资产且已实施完毕；

（二）通过购买进入公司的资产是一个完整经营主体，该经营主体在进入公司前已在同一管理层之下持续经营三年以上；

（三）模拟财务报表的主体不存在本规则第 13.3 条规定的情形；

（四）本所要求的其他条件。

13.11　上市公司向本所申请对其股票交易撤销其他风险警示的，应当于提交申请的次一交易日开市前披露相关公告。

公司提交完备的撤销其他风险警示申请材料的，本所在十五个交易日内决定是否撤销其他风险警示。在此期间，本所可以要求公司提供补充材料，公司应当在本所规定期限内提供有关材料，公司补充材料期间不计入本所作出有关决定的期限。本所可以自行或委托相关机构就公司相关情况进行调查核实，调查核实期间不计入本所作出有关决定的期限。

13.12　本所决定撤销其他风险警示的，上市公司应当及时披露股票交易撤销其他风险警示公告，公司股票于公告后停牌一天，自复牌之日起，本所对公司股票交易撤销其他风险警示。

13.13　本所决定不予撤销其他风险警示的，上市公司应当于收到本所书面通知的次一交易日开市前披露相关公告。

第十四章

退　市

第一节　一般规定

14. 1. 1　上市公司触及本章规定的退市风险警示、终止上市情形的，本所依据本章规定程序审议和决定其股票退市风险警示、终止上市事宜。

公司应当依据本所有关规定和要求提供相关材料，履行信息披露和停复牌申请等义务。公司未按照相关规定提交公告及相关文件的，本所可以通过交易所公告形式予以公告，并按照规定对其股票实施停复牌、退市风险警示或终止上市等。

14. 1. 2　上市公司存在股票交易被实施退市风险警示或者股票终止上市风险的，应当按照本章相关规定披露风险提示公告。本所可以视情况要求公司调整风险提示公告的披露时点和次数。

14. 1. 3　上市公司出现股票交易实施退市风险警示情形

的，应当披露公司股票交易被实施退市风险警示公告，公司股票于公告后停牌一天，自复牌之日起，本所对其股票交易实施退市风险警示。公司股票交易被实施退市风险警示公告应当包括以下内容：

（一）股票的种类、简称、证券代码以及实施退市风险警示的起始日；

（二）实施退市风险警示的主要原因；

（三）董事会关于争取撤销退市风险警示的意见及具体措施；

（四）股票可能被终止上市的风险提示；

（五）实施退市风险警示期间公司接受投资者咨询的主要方式；

（六）中国证监会和本所要求的其他内容。

14.1.4　上市公司出现两项以上退市风险警示、终止上市情形的，本所按照先触及先适用的原则对其股票交易实施退市风险警示、终止其股票上市交易。

公司同时存在两项以上退市风险警示情形的，其中一项退市风险警示情形已符合撤销条件的，公司应当在规定期限内申请撤销相关退市风险警示情形，经本所审核同意的，不再适用该情形对应的终止上市程序。

公司须符合全部退市风险警示情形的撤销条件，方可撤销退市风险警示。

公司股票撤销退市风险警示，但还存在应实施其他风险警示情形的，本所根据本规则第十三章的规定对其股票交易实施其他风险警示。

14.1.5　上市公司申请撤销退市风险警示的，应当向本所提交下列文件：

（一）公司关于撤销对其股票交易实施退市风险警示的申请书；

（二）公司董事会关于申请撤销对公司股票交易实施退市风险警示的决议；

（三）公司就其符合撤销退市风险警示条件的说明及有关证明材料；

（四）本所要求的其他有关材料。

14.1.6　本所在作出终止公司股票上市决定之日起两个交易日内，通知上市公司并以交易所公告形式发布相关决定，同时报中国证监会备案。

公司应当在收到本所关于终止其股票上市的决定后，及时披露股票终止上市公告。股票终止上市公告应当包括以下内容：

（一）终止上市股票的种类、简称、证券代码以及终止上市的日期；

（二）终止上市决定的主要内容；

（三）终止上市后其股票登记、转让、管理事宜；

（四）终止上市后公司的联系人、联系地址、电话和其他通讯方式；

（五）中国证监会和本所要求的其他内容。

14.1.7　上市公司股票被终止上市的，其发行的可转换公司债券及其他衍生品种应当终止上市，相关终止上市事宜参照股票终止上市有关规定办理。

14.1.8　上市公司在其股票终止上市过程中不配合本所相关工作的，本所自公司股票终止上市后三年内不受理其重新上市的申请。

第二节　交易类强制退市

14.2.1　上市公司出现下列情形之一的，本所终止其股票上市交易：

（一）在本所仅发行A股股票的公司，通过本所交易系统连续一百二十个交易日股票累计成交量低于500万股；

（二）在本所仅发行B股股票的公司，通过本所交易系统连续一百二十个交易日股票累计成交量低于100万股；

（三）在本所既发行A股股票又发行B股股票的公司，通过本所交易系统连续一百二十个交易日其A股股票累计成交量低于500万股且其B股股票累计成交量同时低于100万股；

（四）在本所仅发行A股股票或者仅发行B股股票的公司，通过本所交易系统连续二十个交易日的每日股票收盘价均低于1元；

（五）在本所既发行A股股票又发行B股股票的公司，通过本所交易系统连续二十个交易日的A股、B股每日股票收盘价同时均低于1元；

（六）公司连续二十个交易日在本所的股票收盘市值均低于3亿元；

（七）公司连续二十个交易日公司股东人数均少于2000人；

（八）本所认定的其他情形。

前款规定的交易日，不包含公司股票全天停牌日和公司首次公开发行股票上市之日起的二十个交易日。

14.2.2　在本所仅发行A股股票的上市公司，出现连续九十个交易日通过本所交易系统实现的累计股票成交量低于500万股的，应当在次一交易日开市前披露公司股票可能被终止上市的风险提示公告，其后每个交易日披露一次，直至自上述九十个交易日的起算时点起连续一百二十个交易日内通过本所交易系统实现的累计成交量高于500万股或者本所作出公司股票终止上市的决定之日止（以先达到的日期为准）。

在本所仅发行B股股票的公司，出现连续九十个交易日通过本所交易系统实现的累计股票成交量低于100万股的，应当在次一交易日开市前披露公司股票可能被终止上市的风险提示公告，其后每个交易日披露一次，直至自上述九十个交易日的起算时点起连续一百二十个交易日内通过本所交易系统实现的累计成交量达到100万股以上或者本所作出公司股票终止上市的决定之日止（以在先者为准）。

在本所既发行A股股票又发行B股股票的公司，其A股、B股股票的成交量同时触及前两款规定的标准的，应当在次一交易日开市前披露公司股票可能被终止上市的风险提示公告，其后每个交易日披露一次，直至自上述九十个交易日的起算时点起连续一百二十个交易日内A股股票通过本所交易系统实现的累计成交量达到500万股以上或者B股股票通过本所交易系统实现的累计成交量达到100万股以上，或者本所作出公司股票终止上市的决定之日止（以在先者为准）。

14.2.3 上市公司连续十个交易日出现下列情形之一的，应当在次一交易日开市前披露公司股票可能被终止上市的风险提示公告，其后每个交易日披露一次，直至相应的情形消除或者本所作出公司股票终止上市的决定之日止（以先达到的日期为准）：

（一）每日股票收盘价均低于1元；

（二）每日在本所的股票收盘市值均低于3亿元；

（三）公司股东人数低于2000人。

14.2.4 上市公司出现本规则第14.2.1条情形之一的，应当在事实发生的次一交易日开市前披露，公司股票于公告后停牌。

本所自公司股票停牌之日起五个交易日内，向公司发出拟终止其股票上市的事先告知书。上市公司应当在收到本所终止上市事先告知书后及时披露。

14.2.5 上市公司收到终止上市事先告知书后，可以根据本章第六节的规定申请听证，提出陈述和申辩。

公司未在规定期限内提出听证申请的，本所上市委员会在陈述和申辩提交期限届满后十五个交易日内，就是否终止公司股票上市事宜进行审议，作出独立的专业判断并形成审核意见；上市公司在规定期限内提出听证申请的，本所上市委员会在听证程序结束后十五个交易日内形成上述审核意见。

本所根据上市委员会的审核意见作出是否终止公司股票上市的决定。

第三节　财务类强制退市

14.3.1　上市公司出现下列情形之一的，本所对其股票交易实施退市风险警示：

（一）最近一个会计年度经审计的净利润为负值且营业收入低于1亿元，或追溯重述后最近一个会计年度净利润为负值且营业收入低于1亿元；

（二）最近一个会计年度经审计的期末净资产为负值，或追溯重述后最近一个会计年度期末净资产为负值；

（三）最近一个会计年度的财务会计报告被出具无法表示意见或者否定意见的审计报告；

（四）中国证监会行政处罚决定书表明公司已披露的最近一个会计年度财务报告存在虚假记载、误导性陈述或者重大遗漏，导致该年度相关财务指标实际已触及本条第（一）项、第（二）项情形的；

（五）本所认定的其他情形。

本节所述净利润以扣除非经常性损益前后孰低者为准。前款第（一）项所述营业收入应当扣除与主营业务无关的业务收入和不具备商业实质的收入。

公司最近一个会计年度经审计净利润为负值的，公司应当在年度报告中披露营业收入扣除情况及扣除后的营业收入金额；负责审计的会计师事务所应当就公司营业收入扣除事项是否符合前述规定及扣除后的营业收入金额出具专项核查意见。

公司未按本条第二款规定扣除相关收入的，本所可以要求公司扣除，并按照扣除后营业收入决定是否对公司实施退市风险警示。

14.3.2　上市公司预计将出现本规则第 14.3.1 条第一款第（一）项至第（三）项情形的，应当在相应的会计年度结束后一个月内，披露公司股票交易可能被实施退市风险警示的风险提示公告，并在披露年度报告前至少再披露两次风险提示公告。

公司因追溯重述导致可能出现本规则第 14.3.1 条第一款第（一）项、第（二）项情形，或者相关行政处罚事先告知书表明公司可能出现本规则第 14.3.1 条第一款第（四）项情形的，应当在知悉相关风险情况时立即披露公司股票交易可能被实施退市风险警示的风险提示公告。

14.3.3　上市公司出现本规则第 14.3.1 条第一款第（一）项至第（三）项情形的，应当在披露年度报告或者追溯重述的财务数据的同时，披露公司股票交易被实施退市风险警示公告。公司股票于公告后停牌一天，自复牌之日起，本所对公司股票交易实施退市风险警示。

14.3.4　上市公司出现本规则第 14.3.1 条第一款第（四）项情形的，应当在收到行政处罚决定书后，立即披露相关情况及公司股票交易被实施退市风险警示公告。公司股票于公告后停牌一天，自复牌之日起，本所对公司股票交易实施退市风险警示。

14.3.5　上市公司因出现本规则第 14.3.1 条第一款第（一）项至第（三）项情形，其股票交易被实施退市风险警示的，应当在其股票交易被实施退市风险警示当年会计年度结束后一个月内，披露股票可能被终止上市的风险提示公告，并在披露该年年度报告前至少再披露两次风险提示公告。

公司因出现本规则第14.3.1条第一款第（四）项情形，其股票交易被实施退市风险警示的，应当在披露实际触及退市风险警示指标相应年度次一年度的年度报告前至少披露两次风险提示公告。

14.3.6　上市公司股票交易因本规则第14.3.1条规定情形被本所实施退市风险警示的，在退市风险警示期间，公司进行重大资产重组且符合以下全部条件的，可以向本所申请对其股票交易撤销退市风险警示：

（一）根据中国证监会有关重大资产重组规定出售全部经营性资产和负债、购买其他资产且已实施完毕；

（二）通过购买进入公司的资产是一个完整经营主体，该经营主体在进入公司前已在同一管理层之下持续经营三年以上；

（三）公司模拟财务报表的财务数据不存在第14.3.1条第一款规定的情形；

（四）本所要求的其他条件。

14.3.7　上市公司因触及本规则第14.3.1条第一款第（一）项至第（三）项情形，其股票交易被实施退市风险警示后，首个会计年度的年度报告表明公司符合不存在本规则第14.3.11条第一款第（一）项至第（四）项任一情形的条件的，公司可以向本所申请对其股票交易撤销退市风险警示。

公司因触及本规则14.3.1条第一款第（四）项情形，其股票交易被实施退市风险警示后，实际触及退市风险警示指标相应年度次一年度的年度报告表明公司符合不存在本规则第14.3.11条第一款第（一）项至第（四）项任一情形的条件的，公司可以向本所申请对其股票交易撤销退市风险警示。

14.3.8　上市公司符合本规则第14.3.7条规定条件的，应当于年度报告披露的同时说明是否将向本所申请撤销退市风险警示。公司拟申请撤销退市风险警示的，应当在披露之日起五个交易日内向本所提交申请。

公司向本所申请对其股票交易撤销退市风险警示的，应当于提交申请的次一交易日开市前披露相关公告。

公司提交完备的撤销退市风险警示申请材料的，本所在十五个交易日内决定是否撤销退市风险警示。在此期间，本所可以要求公司补充材料，公司应当在本所要求期限内提供有关材料，补充材料期间不计入本所作出有关决定的期限。本所可以自行或委托相关机构就公司相关情况进行调查核实，调查核实期间不计入本所作出有关决定的期限。

14.3.9　本所决定撤销退市风险警示的，上市公司应当及时披露公司股票撤销退市风险警示公告，公司股票于公告后停牌一天，自复牌之日起，本所撤销对公司股票交易的退市风险警示。

14.3.10　本所决定不予撤销退市风险警示的，上市公司应当在收到本所有关书面通知的次一交易日开市前披露公告。

14.3.11　上市公司因本规则触及14.3.1条第一款第（一）项至第（三）项情形其股票交易被实施退市风险警示后，首个会计年度出现以下情形之一的，本所决定终止其股票上市交易：

（一）经审计的净利润为负值且营业收入低于1亿元，或追溯重述后最近一个会计年度净利润为负值且营业收入低于1亿元；

（二）经审计的期末净资产为负值，或追溯重述后最近一个会计年度期末净资产为负值；

（三）财务会计报告被出具保留意见、无法表示意见或者否定意见的审计报告；

（四）未在法定期限内披露过半数董事保证真实、准确、完整的年度报告；

（五）虽符合第 14. 3. 7 条规定的条件，但未在规定期限内向本所申请撤销退市风险警示；

（六）因不符合第 14. 3. 7 条规定的条件，其撤销退市风险警示申请未被本所审核同意。

公司因触及第 14. 3. 1 条第一款第（四）项情形其股票交易被实施退市风险警示后，出现前款第（四）项至第（六）项情形或者实际触及退市风险警示指标相应年度的次一年度出现前款第（一）项至第（三）项情形的，本所决定终止其股票上市交易。

14. 3. 12　上市公司出现本规则第 14. 3. 11 条第一款第（一）项至第（三）项情形的，应当在年度报告披露的同时披露公司股票可能被终止上市的风险提示公告。公司股票于公告后停牌。

公司出现本规则第 14. 3. 11 条第一款第（四）项至第（六）项情形的，应当在发生上述情形次一交易日开市前披露公司股票可能被终止上市的风险提示公告。公司股票于公告后停牌。

公司出现本规则第 14. 3. 11 条第二款情形的，按照本条前两款执行。

14. 3. 13　本所根据第 14. 3. 12 条对公司股票实施停牌的，自停牌之日起五个交易日内，向公司发出拟终止其股票上市的事先告知书。上市公司应当在收到本所终止上市事先告知书后及时披露。

14. 3. 14　上市公司收到终止上市事先告知书后，可以根据本章第六节的规定申请听证，提出陈述和申辩。

公司未在规定期限内提出听证申请的，本所上市委员会在陈述和申辩提交期限届满后十五个交易日内，就是否终止公司股票上市事宜进行审议，作出独立的专业判断并形成审核意见；公司在规定期限内提出听证申请的，本所上市委员会在听证程序结束后十五个交易日内形成上述审核意见。

本所根据上市委员会的审核意见作出是否终止公司股票上市的决定。

14.3.15　上市公司因触及本规则第 14.3.11 条第二款情形其股票被终止上市，相关行政处罚决定被依法撤销或确认无效，或者因对违法行为性质、违法事实等的认定发生重大变化被依法变更的，参照本规则第 14.5.8 条至第 14.5.12 条规定的程序办理。

第四节　规范类强制退市

14.4.1　上市公司出现下列情形之一的，本所对其股票交易实施退市风险警示：

（一）未在法定期限内披露年度报告或者半年度报告，且在公司股票停牌两个月内仍未披露；

（二）半数以上董事无法保证年度报告或者半年度报告真实、准确、完整，且在公司股票停牌两个月内仍有半数以上董事无法保证的；

（三）因财务会计报告存在重大会计差错或者虚假记载，被中国证监会责令改正但未在要求期限内改正，且在公司股票停牌两个月内仍未改正；

（四）因信息披露或者规范运作等方面存在重大缺陷，被本所要求改正但未在要求期限内改正，且在公司股票停牌两个月内仍未改正；

（五）因公司股本总额或者股权分布发生变化，导致连续二十个交易日不再符合上市条件，在规定期限内仍未解决；

（六）公司可能被依法强制解散；

（七）法院依法受理公司重整、和解或破产清算申请；

（八）本所认定的其他情形。

14.4.2　本规则第14.4.1条第（四）项所述信息披露或者规范运作等方面存在重大缺陷，具体包括以下情形：

（一）公司已经失去信息披露联系渠道；

（二）公司拒不披露应当披露的重大信息；

（三）公司严重扰乱信息披露秩序，并造成恶劣影响；

（四）本所认为公司存在信息披露或者规范运作重大缺陷的其他情形。

14.4.3　上市公司是否存在信息披露或规范运作重大缺陷，及前述重大缺陷是否改正，由本所上市委员会予以认定。上市委员会认定期间不计入公司改正期限。

14.4.4　上市公司出现下列情形之一的，应当立即披露股票交易可能被实施退市风险警示的风险提示公告：

（一）未在法定期限内披露年度报告或者半年度报告；

（二）半数以上董事无法保证年度报告或者半年度报告真实、准确、完整；

（三）因财务会计报告存在重大会计差错或者虚假记载，被中国证监会责令改正；

（四）因信息披露或者规范运作等方面存在重大缺陷，被本所要求改正；

（五）股本总额或者股权分布连续十个交易日不符合上市条件；

（六）股本总额或者股权分布连续二十个交易日不符合上市条件。

公司按照前款规定第（一）项至第（四）项、第（六）项规定披露风险提示公告后，应当至少每十个交易日披露一次相关进展情况和风险提示公告，直至相应情形消除或公司股票交易被本所实施退市风险警示。

14.4.5　上市公司出现本规则第 14.4.1 条第（一）项情形的，公司应当在其股票停牌两个月届满的次一交易日开市前披露公司股票交易被实施退市风险警示公告。公司股票于公告后继续停牌一天，自复牌之日起，本所对公司股票交易实施退市风险警示。

公司在股票停牌后两个月内披露过半数董事保证真实、准确、完整情形的定期报告，公司股票于公告后起复牌。

14.4.6　上市公司出现本规则第 14.4.1 条第（二）项情形的，公司应当在其股票停牌两个月届满的次一交易日开市前披露公司股票交易被实施退市风险警示公告。公司股票于公告后继续停牌一天，自复牌之日起，本所对公司股票交易实施退市风险警示。

公司在股票停牌后两个月内过半数董事保证相关定期报告真实、准确、完整的，应当及时公告，公司股票于公告后复牌。

14.4.7　上市公司出现本规则第 14.4.1 条第（三）项、第（四）项情形的，公司应当在其股票停牌两个月届满的次一交易日开市前披露公司股票交易被实施退市风险警示公告。公司股票于公告后继续停牌一天，自复牌之日起，本所对公司股票交易实施退市风险警示。

公司在股票停牌后两个月内按照相关规定和要求改正的，应当及时公告，公司股票于公告后复牌。

14.4.8　上市公司股本总额或者股权分布连续二十个交易日不符合上市条件的，应当于停牌之日起一个月内披露股本总额或者股权分布问题的解决方案。

公司在股票停牌后一个月内披露解决方案的，应当同时披露公司股票交易被实施退市风险警示公告；未在股票停牌后一个月内披露解决方案的，应当在一个月期限届满的次一交易日开市前披露公司股票交易被实施退市风险警示公告。公司股票于公告后继续停牌一天，自复牌之日起，本所对公司股票交易实施退市风险警示。

公司停牌期间股本总额或者股权分布重新符合上市条件的，应当及时公告，公司股票于公告后复牌。

14.4.9　上市公司出现本规则第14.4.1条第（六）项至第（八）项情形之一的，应当立即披露相关情况及公司股票交易被实施退市风险警示公告。公司股票于公告后停牌一天，自复牌之日起，本所对公司股票交易实施退市风险警示。

14.4.10　上市公司股票交易因本节规定被实施退市风险警示期间，应当至少每五个交易日披露一次公司股票可能被终止上市的风险提示公告，直至相应情形消除或本所终止其股票上市。

14.4.11　上市公司因本规则第14.4.1条第（七）项情形其股票交易被实施退市风险警示的，公司应当分阶段及时披露法院裁定批准公司重整计划、和解协议或者终止重整、和解程序等重整事项的进展，并充分提示相关风险。

14.4.12　上市公司因本规则第14.4.1条第（一）项至第（六）项情形其股票交易被实施退市风险警示后，符合下列对应条件的，可以向本所申请对其股票交易撤销退市风险警示：

（一）因第14.4.1条第（一）项情形被实施退市风险警示之日起的两个月内，披露相关年度报告或者半年度报告，且不存在半数以上董事无法保证真实、准确、完整情形的；

（二）因第14.4.1条第（二）项情形被实施退市风险警示之日起的两个月内，过半数董事保证相关定期报告真实、准确、完整的；

（三）因第14.4.1条第（三）项情形被实施退市风险警示之日起的两个月内，按相关规定和要求披露经改正的财务会计报告；

（四）因第14.4.1条第（四）项情形被实施退市风险警示之日起的两个月内，公司已改正，公司信息披露和规范运作无重大缺陷；

（五）因第14.4.1条第（五）项情形被实施退市风险警示之日起的六个月内，公司股本总额或股权分布重新符合上市条件；

（六）因第14.4.1条第（六）项情形被实施退市风险警示后，公司可能被依法强制解散的情形已消除。

公司因符合前款第（四）项情形向本所申请对其股票交易撤销退市风险警示的，应当按照本所要求同时披露中介机构专项核查意见，说明公司信息披露、规范运作无重大缺陷。公司出现前款第（四）项情形的，本所提请上市委员会审议，并根据上市委员会的审核意见作出是否撤销退市风险警示的决定。

14.4.13　上市公司因第14.4.1条第（七）项情形其股票交易被实施退市风险警示后，符合下列条件之一的，公司可以向本所申请对其股票交易撤销退市风险警示：

（一）重整计划执行完毕；

（二）和解协议执行完毕；

（三）法院受理破产申请后至破产宣告前，依据《企业破产法》作出驳回破产申请的裁定且裁定已生效；

（四）因公司已清偿全部到期债务、第三人为公司提供足额担保或者清偿全部到期债务，法院受理破产申请后至破产宣告前，依据《企业破产法》作出终结破产程序的裁定。

公司因前款第（一）项、第（二）项情形向本所申请撤销对其股票交易实施的退市风险警示的，应当提交法院指定管理人出具的监督报告、律师事务所出具的对公司重整计划或者和解协议执行情况的法律意见书，以及本所要求的其他说明文件。

14.4.14　上市公司符合本规则第14.4.12条、第14.4.13条规定条件的，应当于相关情形出现后及时披露，并说明是否向本所申请撤销退市风险警示。公司拟申请撤销退市风险警示的，应当在披露之日起五个交易日内向本所提交申请。

公司向本所申请对其股票交易撤销退市风险警示的，应当于提交申请的次一交易日开市前披露相关公告。

公司提交完备的撤销退市风险警示申请材料的，本所在十五个交易日内作出是否同意其股票交易撤销退市风险警示的决定。在此期间，本所可以要求公司补充材料，公司应当在本所要求期限内提供有关材料，补充材料期间不计入本所作出有关决定的期限。本所可以自行或委托相关机构就公司相关情况进行调查核实，调查核实期间不计入本所作出有关决定的期限。

14.4.15　本所决定撤销退市风险警示的，公司应当及时披露撤销退市风险警示公告。公司股票于公告后停牌一天，自复牌之日起，本所撤销对公司股票交易的退市风险警示。

14.4.16　本所决定不予撤销退市风险警示的，上市公司应当在收到本所有关书面通知的次一交易日开市前披露公告。

14.4.17　上市公司出现下列情形之一的，本所决定终止其股票上市交易：

（一）因第14.4.1条第（一）项情形其股票交易被实施退市风险警示之日起的两个月内仍未披露过半数董事保证真实、准确、完整的相关年度报告或者半年度报告；

（二）因第14.4.1条第（二）项情形其股票交易被实施退市风险警示之日起的两个月内仍有半数以上董事无法保证年度报告或者半年度报告真实、准确、完整的；

（三）因第14.4.1条第（三）项情形其股票交易被实施退市风险警示之日起的两个月内仍未披露经改正的财务会计报告；

（四）因第14.4.1条第（四）项情形其股票交易被实施

退市风险警示之日起的两个月内仍未改正的；

（五）因第14.4.1条第（五）项情形其股票交易被实施退市风险警示之日起的六个月内仍未解决股本总额或股权分布问题的；

（六）因第14.4.1条第（六）项、第（七）项情形其股票交易被实施退市风险警示，公司依法被吊销营业执照、被责令关闭或者被撤销等强制解散条件成就，或者法院裁定公司破产的；

（七）虽符合第14.4.12条和第14.4.13条规定的条件，但未在规定期限内向本所申请撤销退市风险警示；

（八）因不符合第14.4.12条和第14.4.13条规定的条件，其撤销退市风险警示申请未被本所审核同意。

14.4.18　上市公司出现本规则第14.4.17条情形的，应当在次一交易日开市前披露公司股票可能被终止上市的风险提示公告，公司股票于公告后停牌。

14.4.19　本所根据本规则第14.4.18条对公司股票实施停牌的，自停牌之日起五个交易日内，向公司发出拟终止其股票上市的事先告知书，上市公司应当在收到本所终止上市事先告知书后及时披露。

14.4.20　上市公司收到终止上市事先告知书后，可以根据本章第六节的规定申请听证，提出陈述和申辩。

公司未在规定期限内提出听证申请的，本所上市委员会在陈述和申辩提交期限届满后十五个交易日内，就是否终止公司股票上市事宜进行审议，作出独立的专业判断并形成审核意见；公司在规定期限内提出听证申请的，本所上市委员会在听证程序结束后十五个交易日内形成上述审核意见。

本所根据上市委员会的审核意见作出是否终止公司股票上市的决定。

第五节　重大违法强制退市

14.5.1　本规则所称重大违法强制退市，包括下列情形：

（一）上市公司存在欺诈发行、重大信息披露违法或者其他严重损害证券市场秩序的重大违法行为，其股票应当被终止上市的情形；

（二）公司存在涉及国家安全、公共安全、生态安全、生产安全和公众健康安全等领域的违法行为，情节恶劣，严重损害国家利益、社会公共利益，或者严重影响上市地位，其股票应当被终止上市的情形。

14.5.2　上市公司涉及本规则第14.5.1条第（一）项规定的重大违法行为，存在下列情形之一的，本所决定终止其股票上市交易：

（一）公司首次公开发行股票申请或者披露文件存在虚假记载、误导性陈述或者重大遗漏，被中国证监会依据《证券法》第一百八十一条作出行政处罚决定，或者被人民法院依据《刑法》第一百六十条作出有罪裁判且生效。

（二）公司发行股份购买资产并构成重组上市，申请或者披露文件存在虚假记载、误导性陈述或者重大遗漏，被中国证监会依据《证券法》第一百八十一条作出行政处罚决定，或者被人民法院依据《刑法》第一百六十条作出有罪裁判且生效。

（三）根据中国证监会行政处罚决定认定的事实，公司披露的年度报告存在虚假记载、误导性陈述或者重大遗漏，导致公司连续会计年度财务类指标已实际触及本章第三节规定的终止上市标准。

（四）根据中国证监会行政处罚决定认定的事实，公司披露的营业收入连续两年均存在虚假记载，虚假记载的营业收入金额合计达到5亿元以上，且超过该两年披露的年度营业收入合计金额的50%；或者公司披露的净利润连续两年均存在虚假记载，虚假记载的净利润金额合计达到5亿元以上，且超过该两年披露的年度净利润合计金额的50%；或者公司披露的利润总额连续两年均存在虚假记载，虚假记载的利润总额金额合计达到5亿元以上，且超过该两年披露的年度利润总额合计金额的50%；或者公司披露的资产负债表连续两年均存在虚假记载，资产负债表虚假记载金额合计达到5亿元以上，且超过该两年披露的年度期末净资产合计金额的50%。（计算前述合计数时，相关财务数据为负值的，先取其绝对值后再合计计算）。

（五）本所根据公司违法行为的事实、性质、情节及社会影响等因素认定的其他严重损害证券市场秩序的情形。

14.5.3　上市公司涉及本规则第14.5.1条第（二）项规定的重大违法行为，存在下列情形之一的，本所决定终止其股票上市交易：

（一）公司或其主要子公司被依法吊销营业执照、责令关闭或者被撤销；

（二）公司或其主要子公司被依法吊销主营业务生产经营许可证，或者存在丧失继续生产经营法律资格的其他情形；

（三）本所根据公司重大违法行为损害国家利益、社会公共利益的严重程度，结合公司承担法律责任类型、对公司生产经营和上市地位的影响程度等情形，认为公司股票应当终止上市的。

14.5.4　依据相关行政处罚事先告知书、人民法院裁判认定的事实，上市公司可能触及本规则第14.5.2条或第14.5.3条规定情形的，公司应当在知悉相关行政机关向其送达行政处罚事先告知书或者知悉人民法院作出有罪裁判后立即披露相关情况及公司股票交易被实施退市风险警示公告。公司股票于公告后停牌一天，自复牌之日起，本所对公司股票交易实施退市风险警示。

公司因前款情形其股票交易被实施退市风险警示期间，应当每五个交易日披露一次相关事项进展情况并就公司股票可能被实施重大违法强制退市进行特别风险提示。

14.5.5　依据相关行政机关行政处罚决定、人民法院生效裁判认定的事实，上市公司可能触及本规则第14.5.2条或第14.5.3条规定情形的，公司应当在收到相关行政机关行政处罚决定书，或者人民法院裁判生效后立即披露相关情况及公司股票可能被终止上市的风险提示公告，公司股票于公告后停牌。

公司未触及本规则第14.5.2条、第14.5.3条规定情形的，应当及时披露相关情况。公司股票于公告披露后停牌一天，自复牌之日起，本所撤销对公司股票交易的退市风险警示。

14.5.6　上市公司触及本节规定的重大违法强制退市情形的，本所在公司披露或者本所向市场公告相关行政机关行政处罚决定书或者人民法院生效裁判后的十五个交易日内，向公司发出终止上市事先告知书。公司应当在收到终止上市事先告知书后及时披露。

本所在发出终止上市事先告知书前可以要求公司补充材料，公司应当在本所要求期限内提供有关材料，补充材料期间不计入前款所述十五个交易日。未在要求期限内补充材料的，本所将在要求期限届满后按照前款规定发出终止上市事先告知书。本所可以自行或委托相关机构就公司相关情况进行调查核实，调查核实期间不计入前款所述十五个交易日。

14.5.7　上市公司收到终止上市事先告知书后，可以根据本章第六节的规定申请听证，提出陈述和申辩。

公司未在规定期限内提出听证申请的，本所上市委员会在陈述和申辩提交期限届满后十五个交易日内，就是否终止公司股票上市事宜进行审议，作出独立的专业判断并形成审核意见；上市公司在规定期限内提出听证申请的，本所上市委员会在听证程序结束后十五个交易日内形成上述审核意见。

本所根据上市委员会的审核意见作出是否终止公司股票上市的决定。

14.5.8　上市公司因触及重大违法强制退市情形，其股票被终止上市后，出现下列情形之一的，可以向本所申请撤销对其股票终止上市的决定：

（一）相关行政处罚决定被依法撤销或确认无效，或者因对违法行为性质、违法事实等的认定发生重大变化，被依法变更；

（二）人民法院有罪裁判被依法撤销，且未作出新的有罪裁判。

公司向本所申请撤销对其股票终止上市的，应当在收到相关文件或法律文书后的三十个交易日内向本所提交下列文件：

（一）公司关于撤销对其股票终止上市的申请书；

（二）公司董事会关于申请撤销对公司股票终止上市的决议；

（三）相关行政处罚决定书被依法撤销、确认无效或变更的证明文件，或者人民法院的相关裁判文书；

（四）法律意见书；

（五）本所要求的其他有关材料。

14.5.9　本所自收到上市公司按照本规则第 14.5.8 条规定提出的撤销申请之日起的十五个交易日内，召开上市委员会会议，审议是否撤销对公司股票作出的终止上市决定，并形成审核意见。在此期间，本所可以要求公司补充材料，公司应当在本所要求期限内提供有关材料，补充材料期间不计入审议期限。本所可以自行或委托相关机构就公司相关情况进行调查核实，调查核实期间不计入审议期限。本所根据上市委员会的审核意见，作出是否撤销对公司股票终止上市的决定。

14.5.10 本所同意撤销对公司股票终止上市的，在作出撤销决定之日起两个交易日内通知公司，同时报中国证监会备案。

14.5.11 在收到本所撤销决定后的二十个交易日内，公司可以向本所提出恢复其股票正常交易的书面申请，并向本所提交下列申请文件：

（一）公司关于恢复其股票正常交易的申请书；

（二）公司董事会关于申请恢复其股票正常交易的决议；

（三）公司股东大会关于申请恢复其股票正常交易的决议；

（四）保荐机构出具的保荐意见；

（五）法律意见书；

（六）公司最近一年又一期经审计财务报告；

（七）公司前十大股东名册和公司持股5%以上股东的营业执照或有关身份证明文件；

（八）公司全部股份在结算公司托管的证明文件；

（九）公司董事、监事及高级管理人员持有本公司股份情况说明；

（十）本所要求的其他材料。

公司股份已经转入全国中小企业股份转让系统等证券交易场所转让或存在其他合理情况的，经本所同意，可以在本所要求的期限内办理完毕其股份的重新确认、登记、托管等相关手续或有关事项后，补充提交相应申请文件。

本所自收到公司完备申请材料后的五个交易日内，作出是否受理的决定并通知公司。

公司股票同时存在其他终止上市情形的，本所对其实施终止上市。

14.5.12　本所自作出恢复公司股票正常交易的决定后两个交易日内通知公司，同时报中国证监会备案。

公司应当在收到上述决定后及时公告，并按本所要求办理恢复股票正常交易的相关手续。

公司应当在其股票恢复正常交易前与本所重新签订上市协议，明确双方的权利、义务及其他有关事项。

公司控股股东、实际控制人、董事、监事和高级管理人员等应当签署并提交相应声明与承诺，其所持股份在公司股票恢复正常交易时的流通或限售安排，应当按照法律、行政法规、部门规章、规范性文件及本所有关规定执行。

公司股票恢复公司股票正常交易的同时存在风险警示的，本所对其实施相应的风险警示。

14.5.13　上市公司可能触及本节规定的重大违法强制退市情形的，自相关行政处罚事先告知书或者司法裁判作出之日起，至下列任一情形发生前，其控股股东及其一致行动人、实际控制人、董事、监事、高级管理人员不得减持公司股份：

（一）公司股票终止上市并摘牌；

（二）公司收到相关行政机关相应行政处罚决定或者人民法院生效司法裁判，显示公司未触及重大违法强制退市情形。

公司披露无控股股东、实际控制人的，其第一大股东及第一大股东的实际控制人应当遵守前款规定。

第六节　听证与复核

14.6.1　上市公司可以在收到或者本所公告送达终止上市事先告知书之日（以在先者为准，下同）起五个交易日内，以书面形式向本所提出听证要求，并载明具体事项及理由。有关听证程序和相关事宜，适用本所有关规定。

公司对终止上市有异议的，可以在收到或本所公告终止上市事先告知书之日起十个交易日内，向本所提交相关书面陈述和申辩，并提供相关文件。

公司未在本条规定期限内提出听证要求、书面陈述和申辩的，视为放弃相应权利。

公司在本条规定期限内提出听证要求的，由本所上市委员会按照有关规定组织召开听证会。

14.6.2　上市委员会组织召开听证和审议期间，本所可以要求公司补充材料，公司应当在本所要求期限内提供有关材料，补充材料期间不计入听证及审议期限。未在本所要求期限内提交补充材料的，本所上市委员会继续进行听证或者审议。本所可以自行或者委托相关机构就公司有关情况进行调查核实，并将核查结果提交上市委员会审议，调查核实期间不计入听证及审议期限。

14.6.3　上市公司、重新上市申请公司（以下统称“申请人”）对本所作出的终止上市、不予重新上市决定不服的，可以在收到本所相关决定或者本所公告送达有关决定之日（以在先者为准）起十五个交易日内以书面形式向本所申请复核。

复核程序和相关事宜适用本所有关规定。申请人应当在向本所提出复核申请的次一交易日开市前披露相关公告。

14.6.4　本所自收到申请人提交的复核申请后五个交易日内作出是否受理的决定并通知申请人。

申请人应当在收到本所是否受理其申请的决定后及时披露决定的有关情况，并提示相关风险。

14.6.5　本所设立上诉复核委员会，对申请人的复核申请进行审议，作出独立的专业判断并形成审核意见。

14.6.6　本所在受理复核申请后三十个交易日内，依据上诉复核委员会的审核意见作出维持或者撤销终止上市、不予重新上市的决定。该决定为终局决定。

在此期间，本所可以要求申请人提供补充材料，申请人应当在本所要求期限内提供有关材料，补充材料期间不计入本所作出有关决定的期限。本所可以自行或者委托相关机构就公司有关情况进行调查核实，并将核查结果提交上诉复核委员会审议，调查核实期间不计入本所作出有关决定的期限。

14. 6. 7　本所依据上诉复核委员会的审核意见作出撤销终止上市决定的，参照本规则第 14. 5. 11 条至第 14. 5. 12 条规定的程序办理。

第七节　退市整理期

14. 7. 1　上市公司股票被本所根据本章第三节至第五节的规定作出终止上市决定的，自本所公告终止上市决定之日起五个交易日后的次一交易日复牌并进入退市整理期交易。退市整理期间，公司的证券代码不变，股票简称后冠以“退”标识，退市整理股票进入风险警示板交易。

上市公司股票被本所根据本章第二节的规定作出终止上市决定的，不设退市整理期。

14. 7. 2　退市整理期的交易期限为十五个交易日。退市整理期间，上市公司股票原则上不停牌。公司因特殊原因向本所申请其股票全天停牌的，停牌期间不计入退市整理期，但停牌天数累计不得超过五个交易日。

公司未在累计停牌期满前申请复牌的，本所于停牌期满后的次一交易日对公司股票复牌。

14. 7. 3　退市整理期间，上市公司股东所持有限售条件股份的限售期限连续计算，限售期限届满前相关股份不能流通。

14.7.4 上市公司股票进入退市整理期的，公司及相关信息披露义务人仍应当遵守法律法规、本规则及本所有关规定，履行信息披露及相关义务。

14.7.5 上市公司股票进入退市整理期的，公司应当在披露股票终止上市公告的同时披露股票进入退市整理期交易的公告，包括以下内容：

（一）公司股票在退市整理期间的证券简称、证券代码及涨跌幅限制；

（二）公司股票在退市整理期间的起始日、交易期限及预计最后交易日期；

（三）退市整理期公司不筹划、不进行重大资产重组等重大事项的声明；

（四）本所要求披露的其他内容。

14.7.6 上市公司按照本规则第14.7.5条规定披露公告时应当向本所提交以下材料：

（一）公司董事会关于变更证券简称的申请；

（二）公司董事会关于退市整理期间不筹划重大资产重组等事项的承诺函；

（三）本所要求的其他材料。

14.7.7 上市公司应当于退市整理期首日开市前，披露公司股票已被本所作出终止上市决定的风险提示公告，说明公司股票进入退市整理期的起始日和终止日等事项。

退市整理期间，公司应当每五个交易日披露一次股票将被摘牌的风险提示公告，在最后的五个交易日内应当每日披露一次股票将被摘牌的风险提示公告。

本所可以视情况要求公司调整股票终止上市风险提示公告的披露时点和次数。

14.7.8 上市公司在退市整理期间披露公告时，应当在公告中说明公司股票摘牌时间，并特别提示终止上市风险。

14.7.9　退市整理期间，上市公司董事会应当关注其股票交易、媒体报道和市场传闻，必要时应当及时作出澄清说明。

14.7.10　上市公司股票于退市整理期届满的次一交易日摘牌，公司股票终止上市。

公司股票被本所根据本章第二节的规定作出终止上市决定后，公司股票于十五个交易日内摘牌，公司股票终止上市。

公司应当于股票摘牌当日开市前披露摘牌公告，对公司股票摘牌后进入全国中小企业股份转让系统等证券交易场所转让的具体事宜作出说明，包括进入日期、股份重新确认、登记托管、交易制度等情况。

14.7.11　上市公司应当在本所作出终止其股票上市决定后，立即安排股票转入全国中小企业股份转让系统等证券交易场所转让的相关事宜，保证公司股票在摘牌之日起四十五个交易日内可以转让。

14.7.12　上市公司在股票被摘牌前，应当与符合《证券法》规定的证券公司（以下简称股份转让服务机构）签订协议，聘请该机构在公司股票被终止上市后为公司提供股份转让服务，并授权其办理证券交易所市场登记结算系统的股份退出登记、股份重新确认及登记结算等事宜。

公司在本所作出终止上市决定后十五个交易日内仍未聘请股份转让服务机构的，本所可以为其指定临时股份转让服务机构，并通知公司和该机构。公司应当在两个交易日内就上述事项披露相关公告（公司不再具备法人资格的情形除外）。

14.7.13　退市整理期间，上市公司不得筹划或者实施重大资产重组等重大事项。

14.7.14　上市公司股票存在可能被强制退市情形，且公司已公告筹划重大资产重组事项的，公司董事会应当审慎评估并决定如被本所作出终止上市决定后是否进入整理期交易、是否继续推进该重大资产重组事项。不进入退市整理期继续推进重大资产重组的，应当及时召开股东大会，审议继续推进重大资产重组等重大事项且股票不进入退市整理期交易的议案；进入退市整理期不继续推进重大资产重组的，应当及时履行审议程序和披露义务。

公司董事会决定继续推进重大资产重组的，应当在相应股东大会通知中明确：公司如被本所作出终止上市决定，股东大会审议通过该议案的，将不再安排退市整理期交易，公司股票自本所公告终止上市决定之日起五个交易日内予以摘牌，公司股票终止上市；该议案未审议通过的，公司股票将自本所公告终止上市决定之日起五个交易日后的次一交易日复牌并进入退市整理期交易。

公司依据前款规定召开股东大会审议相关议案的，应当经出席会议的股东所持表决权的三分之二以上通过。公司应当对除单独或者合计持有上市公司5%以上股份的股东和上市公司董事、监事、高级管理人员以外的其他股东的投票情况单独统计并披露。

14.7.15　进入破产重整程序或者已经完成破产重整的公司触及强制退市情形的，经人民法院或者其他有权方认定，如公司股票进入退市整理期交易，将导致与破产重整程序或者经人民法院批准的公司重整计划的执行存在冲突等后果的，公司股票可以不进入退市整理期交易。

14.7.16　不进入退市整理期交易的公司应当承诺公司股票如被终止上市，将进入全国中小企业股份转让系统等证券交易场所转让股份。

第八节　主动终止上市

14.8.1　上市公司出现下列情形之一的，可以向本所申请主动终止其股票上市交易：

（一）公司股东大会决议主动撤回其股票在本所上市交易，并决定不再在交易所交易；

（二）公司股东大会决议主动撤回其股票在本所上市交易，并转而申请在其他交易场所交易或转让；

（三）公司股东大会决议解散；

（四）公司因新设合并或者吸收合并，不再具有独立主体资格并被注销；

（五）公司以终止公司股票上市为目的，向公司所有股东发出回购全部股份或者部分股份的要约，导致公司股本总额、股权分布等发生变化不再具备上市条件；

（六）公司股东以终止公司股票上市为目的，向公司所有其他股东发出收购全部股份或者部分股份的要约，导致公司股本总额、股权分布等发生变化不再具备上市条件；

（七）公司股东以外的其他收购人以终止公司股票上市为目的，向公司所有股东发出收购全部股份或者部分股份的要约，导致公司股本总额、股权分布等发生变化不再具备上市条件；

（八）中国证监会或本所认可的其他主动终止上市情形。

A 股股票和 B 股股票同时在本所上市交易的公司，依照前款规定申请主动终止上市的，原则上其 A 股股票和 B 股股票应当同时终止上市。

14.8.2 本规则第 14.8.1 条第（一）项、第（二）项规定的股东大会决议事项，应当经出席会议的全体股东所持有效表决权的三分之二以上通过，且经出席会议的除以下股东以外的其他股东所持表决权的三分之二以上通过：

（一）上市公司的董事、监事、高级管理人员；

（二）单独或者合计持有上市公司 5% 以上股份的股东。

14.8.3 上市公司因本规则第 14.8.1 条第（一）项至第

（五）项情形召开股东大会的，应当及时向本所提交下列文件并公告：

（一）董事会关于申请主动终止上市的决议；

（二）召开股东大会通知；

（三）主动终止上市预案；

（四）独立董事意见；

（五）财务顾问报告（如适用）；

（六）法律意见书（如适用）；

（七）法律、行政法规、部门规章、规范性文件、本所及公司章程要求的其他文件。

前款第（三）项所称“主动终止上市预案”，应当包括但不限于：公司终止上市原因、终止上市方式、终止上市后经营发展计划、并购重组安排、重新上市安排、代办股份转让安排、异议股东保护措施，以及公司董事会关于主动终止上市对公司长远发展和全体股东利益的影响分析等相关内容。

前款第（四）项所称“独立董事意见”，指独立董事应当就主动终止上市事项是否有利于公司长远发展和全体股东利益充分征询中小股东意见，并在此基础上发表意见。

前款第（五）项、第（六）项所称“财务顾问报告”和“法律意见书”，指财务顾问和律师事务所为主动终止上市提供专业服务，并发表专业意见。其中，第14.8.1条第（一）项、第（二）项、第（五）项情形不适用法律意见书，第（三）项情形同时不适用财务顾问报告和法律意见书。股东大会对主动终止上市事项进行审议后，上市公司应当及时披露股东大会决议公告，说明议案的审议及通过情况。

14.8.4　上市公司根据本规则第14.8.1条第（一）项、第（二）项情形，申请主动终止上市的，公司应当向本所申请其股票自股东大会股权登记日的次一交易日起停牌，并在股东大会审议通过主动终止上市决议后及时披露决议情况。公司可以在股东大会决议后的十五个交易日内向本所提交主动终止上市的书面申请。

公司根据本规则第14.8.1条第（三）项至第（七）项情形，申请主动终止上市的，应当遵守《公司法》《证券法》《上市公司收购管理办法》《上市公司重大资产重组管理办法》等有关规定及本所相关业务规则，严格履行决策、实施程序和信息披露义务，并及时向本所申请公司股票停牌或复牌。同时，按照相关规定，及时向本所提交主动终止上市申请。

公司应当在提交申请后，及时披露相关公告。

14.8.5　上市公司主动终止上市事项未获股东大会审议通过的，公司应当及时向本所申请其股票自公司股东大会决议公告后复牌。

14.8.6　上市公司出现本规则第14.8.1条第（六）项、第（七）项情形的，其股票自公司披露收购结果公告或者其他相关权益变动公告后继续停牌，直至本所终止其股票上市。

14.8.7　上市公司依据本规则第14.8.1条的规定向本所申请其股票终止上市的，应当向本所提交下列文件：

（一）终止上市申请书；

（二）股东大会决议（如适用）；

（三）相关终止上市方案；

（四）财务顾问报告；

（五）法律意见书；

（六）本所要求的其他文件。

14.8.8　本所在收到上市公司提交的终止上市申请文件后五个交易日内作出是否受理的决定并通知公司。

公司未能按本节的要求提供申请文件的，本所不受理其股票终止上市申请。

公司应当在收到本所关于是否受理其终止上市申请的决定后，及时披露决定的有关情况并提示其股票可能终止上市的风险。

14.8.9　本所上市委员会对公司股票终止上市的申请进行审议，重点从保护投资者特别是中小投资者权益的角度，在审查上市公司决策程序合规性的基础上，作出独立的专业判断并形成审核意见。

公司依据本规则第14.8.1条第（一）项、第（二）项的规定申请其股票终止上市的，本所在受理公司申请后的十五个交易日内，本所上市委员会形成审核意见。

公司因自愿解散、公司合并、回购股份、要约收购等情形依据本规则第14.8.1条第（三）项至第（七）项的规定申请其股票终止上市的，除另有规定外，本所在上市公司披露解散决议公告、合并交易完成公告、回购或者收购结果公告后的十五个交易日内，本所上市委员会形成审核意见。

本所根据上市委员会的审核意见作出是否终止公司股票终止上市的决定。

14.8.10　在本所受理公司申请至作出决定期间，本所可以要求公司提供补充材料，公司应当在本所要求期限内提供有关材料，补充材料期间不计入本所作出有关决定的期限。公司未能在本所规定的期限内提供补充材料的，本所在要求期限届满后按照第14.8.9条的规定作出是否同意公司股票终止上市申请的决定。

14.8.11　因本规则第14.8.1条规定情形其股票被终止上市且法人主体资格将存续的公司，应当对公司股票终止上市后转让或交易、异议股东保护措施作出具体安排，保护中小投资者的合法权益。

14.8.12　上市公司主动终止上市的，不设退市整理期，公司股票自本所公告终止上市决定之日起五个交易日内予以摘牌，公司股票终止上市。

第九节　重新上市

14.9.1　上市公司在其股票终止上市后，达到本所规定的重新上市条件的，可以向本所申请重新上市。

申请重新上市的公司，应当同时符合以下条件：

（一）公司股本总额不少于五千万元。

（二）社会公众持有的股份占公司股份总数的比例为25%以上；公司股本总额超过四亿元的，社会公众持有的股份占公司股份总数的比例为10%以上。

（三）公司及其控股股东、实际控制人最近三年不存在贪污、贿赂、侵占财产、挪用财产或者破坏社会主义市场经济秩序的刑事犯罪。

（四）公司最近三个会计年度的财务会计报告被出具无保留意见的审计报告。

（五）公司最近三个会计年度经审计的净利润均为正值且累计超过三千万元（净利润以扣除非经常性损益前后较低者为计算依据）。

（六）公司最近三个会计年度经营活动产生的现金流量净额累计超过五千万元；或者公司最近三个会计年度营业收入累计超过三亿元。

（七）公司最近一个会计年度经审计的期末净资产为正值。

（八）公司最近三年主营业务未发生重大变化。

（九）公司最近三年董事、高级管理人员未发生重大变化。

（十）公司最近三年实际控制人未发生变更。

（十一）公司具备持续经营能力。

（十二）具备健全的公司治理结构和内部控制制度且运作规范。

（十三）公司董事、监事、高级管理人员具备法律、行政法规、部门规章、规范性文件、本所有关规定及公司章程规定的任职资格，且不存在影响其任职的情形。

（十四）本所要求的其他条件。

前款第（十三）项所称“影响其任职的情形”，包括：被中国证监会采取证券市场禁入措施尚在禁入期的；最近三十六个月内受到中国证监会行政处罚，或者最近十二个月内受到证券交易所公开谴责；因涉嫌犯罪被司法机关立案侦查或者涉嫌违法违规被中国证监会立案调查，尚未有明确结论意见等情形。

公司申请重新上市的具体事宜由本所另行规定。

14.9.2 上市公司因触及重大违法强制退市情形其股票被终止上市后，符合本规则第14.9.1条所述重新上市条件拟申请重新上市的，还应当符合以下条件：

（一）已全面纠正违法行为；

（二）已及时撤换有关责任人员；

（三）已对民事赔偿责任作出妥善安排。

公司应当聘请律师对前款所述事项进行逐项核查，就公司是否具备申请重新上市的主体资格、是否符合重新上市的条件出具专门意见。

重新上市保荐人应当在重新上市保荐书中对本条第一款所述事项逐项说明，并就公司重大违法行为影响已基本消除、风险已得到控制，公司符合申请重新上市的条件明确发表意见。

14.9.3 重新上市的申请由本所上市委员会审核。主动终止上市的公司申请重新上市的，本所在受理公司股票重新上市申请后的三十个交易日内，作出是否同意其股票重新上市申请的决定。强制终止上市公司申请重新上市的，本所在受理公司股票重新上市申请后的六十个交易日内，作出是否同意其股票重新上市申请的决定。

在此期间，本所可以要求公司补充材料，公司应当在本所要求期限内提供有关材料，补充材料期间不计入本所作出有关决定的期限。本所可以自行或委托相关机构就公司相关情况进行调查核实，调查核实期间不计入本所作出有关决定的期限。

14.9.4　上市公司因触及欺诈发行强制退市情形，其股票被本所终止上市的，不得在本所重新上市。

14.9.5　主动终止上市公司符合本规则规定的重新上市条件的，可以随时向本所提出重新上市的申请。

强制终止上市公司依据本规则第14.9.1条的规定向本所申请其股票重新上市的，其申请时间应当符合以下规定：

（一）公司因重大违法强制退市情形（欺诈发行除外）其股票被强制终止上市的，首次提出重新上市申请与其股票终止上市后进入股份转让系统的时间间隔应当不少于五个完整的会计年度。

公司因触及重大违法强制退市情形及第14.5.3条规定情形其股票被强制终止上市的，首次提出重新上市申请与其股票终止上市后进入全国中小企业股份转让系统等证券交易场所的时间间隔应当不少于五个完整的会计年度。

（二）公司因市场交易类指标其股票被强制终止上市的，首次提出重新上市申请与其股票终止上市后进入全国中小企业股份转让系统等证券交易场所的时间间隔应当不少于三个月。

（三）公司因前述两项情形之外的其他退市指标规定情形其股票被强制终止上市的，首次提出重新上市申请与其股票终止上市后进入全国中小企业股份转让系统等证券交易场所的时间间隔应当不少于十二个月。

第十五章

境内外上市事务

15.1　在本所上市的公司同时有证券在境外证券交易所上市的，应当保证境外证券交易所要求其披露的信息，同时在中国证监会指定媒体上按照本规则和本所其他有关规定的要求对外披露。

15.2　上市公司就同一事件履行报告和公告义务时，应当保证同时向本所和境外证券交易所报告，公告的内容一致。出现重大差异时，公司应当向本所说明，并按照本所要求披露更正或者补充公告。

15.3　本章未尽事宜，适用法律、行政法规、部门规章、规范性文件、本所其他有关规定以及本所与其他证券交易所签署的监管合作备忘录的规定。

第十六章

监管措施和违规处分

16.1　本所对本规则第 1.5 条规定的监管对象实施监管，具体监管措施包括：

（一）要求发行人、上市公司及相关信息披露义务人或者其董事（会）、监事（会）和高级管理人员、保荐人及其保荐代表人、证券服务机构及其相关人员对有关问题作出解释和说明；

（二）要求公司聘请相关中介机构对公司存在的问题进行核查并发表意见；

（三）向公司发出各种通知和函件等；

（四）约见相关人员；

（五）对相关当事人证券账户采取限制交易措施；

（六）向中国证监会报告有关违法违规行为；

（七）向相关主管部门出具监管建议函；

（八）其他监管措施。

本规则第 1.5 条规定的监管对象应当积极配合本所的日常监管，在规定期限内回答本所问询，并按本所要求提交说明，或者披露相应的更正或者补充公告。

16.2　发行人、上市公司、相关信息披露义务人及相关方违反本规则、本所其他相关规定或者其所作出的承诺的，本所视情节轻重给予以下处分：

（一）通报批评；

（二）公开谴责。

16.3 上市公司董事、监事、高级管理人员违反本规则、本所其他相关规定或者其所作出的承诺的，本所视情节轻重给予以下处分：

（一）通报批评；

（二）公开谴责；

（三）公开认定其不适合担任上市公司董事、监事、高级管理人员。

以上第（二）项、第（三）项处分可以并处。

16.4 上市公司董事会秘书违反本规则、本所其他相关规定或者其所作出的承诺的，本所视情节轻重给予以下处分：

（一）通报批评；

（二）公开谴责；

（三）公开认定其不适合担任上市公司董事会秘书。

以上第（二）项、第（三）项处分可以并处。

16.5 保荐人及其保荐代表人、证券服务机构及其相关人员违反本规则或者本所其他相关规定的，本所视情节轻重单处或并处以下处分：

（一）通报批评；

（二）公开谴责；

（三）暂不受理其出具的文件。

情节严重的，本所依法报中国证监会查处。

16.6 破产管理人和管理人成员违反本规则或者本所其他相关规定的，本所视情节轻重给予以下处分：

（一）通报批评；

（二）公开谴责。

（三）建议法院更换管理人或者管理人成员。

以上第（二）项、第（三）项处分可以并处。

16.7　发行人、上市公司、相关信息披露义务人和其他责任人违反本规则、与本所签订的协议或者向本所作出的承诺的，本所可以视情节轻重向其收取惩罚性违约金。

收取惩罚性违约金的具体事宜，由本所另行规定。

16.8　本所设立纪律处分委员会对涉及本规则第 1.5 条规定的监管对象的纪律处分事项进行审核，作出独立的专业判断并形成审核意见。

本所根据纪律处分委员会的审核意见，作出是否给予纪律处分的决定。

16.9　相关纪律处分决定作出前，当事人可以按照本所有关业务规则规定的受理范围和程序申请听证。

当事人对本所作出的相关纪律处分决定不服的，可以按照本所有关业务规则规定的受理范围和程序申请复核。

第十七章

释　义

17.1　本规则下列用语具有如下含义：

（一）披露：指上市公司或者相关信息披露义务人按法律、行政法规、部门规章、规范性文件、本规则和本所其他有关规定在指定媒体上公告信息。

（二）重大事件：指对上市公司股票及其衍生品种交易价格可能产生较大影响的事项。

（三）及时：指自起算日起或者触及本规则披露时点的两个交易日内。

（四）高级管理人员：指公司经理、副经理、董事会秘书、财务负责人及公司章程规定的其他人员。

（五）控股股东：指其持有的股份占公司股本总额50%以上的股东；或者持有股份的比例虽然不足50%，但依其持有的股份所享有的表决权已足以对股东大会的决议产生重大影响的股东。

（六）实际控制人：指通过投资关系、协议或者其他安排，能够支配、实际支配公司行为的自然人、法人或者其他组织。

（七）控制：指有权决定一个企业的财务和经营政策，并能据以从该企业的经营活动中获取利益。有下列情形之一的，为拥有上市公司控制权：

1. 为上市公司持股 50% 以上的控股股东；

2. 可以实际支配上市公司股份表决权超过 30%；

3. 通过实际支配上市公司股份表决权能够决定公司董事会半数以上成员选任；

4. 依其可实际支配的上市公司股份表决权足以对公司股东大会的决议产生重大影响；

5. 中国证监会或者本所认定的其他情形。

（八）内部职工股：指原定向募集股份有限公司的内部职工认购的股票。

（九）上市公司控股子公司：指上市公司持有其 50% 以上股份，或者能够决定其董事会半数以上成员组成，或者通过协议或其他安排能够实际控制的公司。

（十）股权分布发生变化不再具备上市条件：指社会公众持有的股份低于公司股份总数的 25%；公司股本总额超过四亿元的，社会公众持有的股份低于公司股份总数的 10%。

上述社会公众是指除了以下股东之外的上市公司其他股东：

1. 持有上市公司 10% 以上股份的股东及其一致行动人；

2. 上市公司的董事、监事、高级管理人员及其关系密切的家庭成员，上市公司董事、监事、高级管理人员直接或者间接控制的法人或者其他组织。

（十一）公司承诺：指上市公司及其董事会在招股说明书、配股说明书、募集说明书、定期报告、临时报告、整改报告或者承诺函等文件中就重要事项向公众或者监管部门所作的保证和相关解决措施。

（十二）股东承诺：是指上市公司股东在招股说明书、配股说明书、募集说明书、定期报告、临时报告、整改报告或者承诺函等文件中就重要事项向上市公司、公众或者监管部门所作出的保证和相关解决措施。

（十三）营业收入：指上市公司利润表列报的营业收入；上市公司编制合并财务报表的为合并利润表列报的营业总收入。

（十四）利润总额：指上市公司利润表列报的利润总额；上市公司编制合并财务报表的为合并利润表列报的利润总额。

（十五）净利润：指上市公司利润表列报的净利润；上市公司编制合并财务报表的为合并利润表列报的归属于母公司所有者的净利润，不包括少数股东损益。

（十六）净资产：指上市公司资产负债表列报的所有者权益；上市公司编制合并财务报表的为合并资产负债表列报的归属于母公司所有者权益，不包括少数股东权益。

（十七）每股收益：指根据中国证监会有关规定计算的基本每股收益。

（十八）净资产收益率：指根据中国证监会有关规定计算的净资产收益率。

（十九）证券服务机构：指为证券发行、上市、交易等证券业务活动制作、出具审计报告、资产评估报告、法律意见书、财务顾问报告、资信评级报告等文件的会计师事务所、资产评估机构、律师事务所、财务顾问机构、资信评级机构、投资咨询机构。

（二十）破产程序：指《企业破产法》所规范的重整、和解或者破产清算程序。

（二十一）管理人管理模式：指经法院裁定由管理人负责管理上市公司财产和营业事务的运作模式。

（二十二）管理人监督模式：指经法院裁定由公司在管理人的监督下自行管理财产和营业事务的运作模式。

（二十三）重整期间：指自法院裁定上市公司重整之日起

至重整程序终止期间。

（二十四）向控股股东或控股股东关联人提供资金：指上市公司为前述主体垫付工资、福利、保险、广告等费用和其他支出，代为偿还债务，对其有偿或者无偿、直接或者间接拆借资金，为其承担担保责任而形成债权，在没有商品和劳务对价情况下对其提供资金，或者证券监管机构认定的其他非经营性占用行为。

控股股东关联人是指上市公司控股股东、实际控制人控制的企业。

（二十五）违反规定程序对外提供担保：指上市公司违反中国证监会《关于规范上市公司对外担保行为的通知》（证监发〔2005〕120 号）或者本规则等规定的对外担保行为。

（二十六）追溯重述：指公司因财务会计报告存在重大会计差错或者虚假记载，主动或者被中国证监会责令对此前披露的财务会计报告进行的差错更正。

（二十七）B 股每日股票收盘价：指 B 股股票每日港币计价的收盘价按本所收市行情报表中发布的汇率（即本所计算深圳综合指数所使用的港币与人民币兑换汇率）换算成人民币计价后的收盘价，计算结果按照四舍五入原则取至价格最小变动单位。

（二十八）在本所的股票收盘市值：指公司在本所上市的各类型股票按其股份数量与对应的每日收盘价格计算的股票价值总额。股份数量包括流通股股份数和非流通股股份数，含已回购未注销的股份。

（二十九）欺诈发行强制退市情形：指本规则第 14.5.2 条第（一）项、第（二）项规定的情形。

（三十）重大违法强制退市情形：指本规则第 14.5.1 条规定的情形。

（三十一）全面纠正违法行为，指包括但不限于：公司就重大违法行为所涉事项已进行补充披露或更正公告；公司就重大违法行为所涉事项已补充履行相关决策程序；公司因重大违法行为发生的损失已获得弥补；重大违法行为可能引发的与公司相关的风险因素已消除。

（三十二）撤换有关责任人员，指包括但不限于：已撤换被相关行政机关行政处罚的有关人员、被人民法院判决有罪的有关人员，以及本所认定的对重大违法行为负有重要责任的其他人员。

（三十三）对民事赔偿责任作出妥善安排，指包括但不限于：人民法院作出判决的，该判决已执行完毕；已达成和解的，该和解协议已执行完毕；未达成和解的，已按预计最高索赔金额计提赔偿基金，并将足额资金划入基金专户存储；公司的控股股东及其实际控制人或第三方已承诺：将对赔偿基金不足或未予赔偿的部分代为赔付。

（三十四）非标准审计意见，指注册会计师对财务报表发表的非无保留意见或带有解释性说明的无保留意见。前述非无保留意见，是指注册会计师对财务报表发表的保留意见、否定意见或无法表示意见。前述带有解释性说明的无保留意见，是指对财务报表发表的带有强调事项段、持续经营重大不确定性段落的无保留意见或者其他信息段落中包含其他信息未更正重大错报说明的无保留意见。

17.2　本规则未定义的用语的含义，依照国家有关法律、行政法规、部门规章、规范性文件及本所其他有关业务规则、细则、指引和通知确定。

17.3　本规则所称“以上”“以下”“以内”均含本数，“超过”“少于”“低于”不含本数。

17.4　本规则所称“元”如无特指，均指人民币元。

第十八章

附　　则

18.1　本规则经本所理事会会议审议通过并报中国证监会批准后生效，修改时亦同。

18.2　本规则由本所负责解释。

18.3　本规则自发布之日起施行。

上市公司在此之前发生的按照原上市规则应当披露而未披露的重大事项，且根据本规则也应当披露的，在本规则发布施行后，应当按照本规则规定的内容及时披露。

18.4　经有关主管机关的批准，本所可以对股票交易被实施退市风险警示的上市公司实行差异化的上市费标准。

附件一：董事声明及承诺书

附件二：监事声明及承诺书

附件三：高级管理人员声明及承诺书

附件一：董事声明及承诺书

第一部分　声　明

一、基本情况

1. 上市公司全称：________________
2. 上市公司股票简称：________ 股票代码：________
3. 本人姓名：________________
4. 别名：________________
5. 曾用名：________________
6. 出生日期：________________
7. 住址：________________
8. 国籍：________________
9. 拥有哪些国家或者地区的长期居留权（如适用）：____
____
10. 专业资格（如适用）：________________
11. 身份证号码：________________
12. 护照号码（如适用）：________________
13. 近亲属的姓名、身份证号码：________________
配偶：________________
父母：________________
子女（含年满十八岁具有民事行为能力的子女）：________
兄弟姐妹：________________
14. 最近五年工作经历：________________
____
____

二、是否有配偶、父母、年满十八岁具有民事行为能力的子女及配偶、兄弟姐妹及配偶担任本公司董事、监事或者高级管理人员？

是□　否□

如是，请详细说明。

三、是否在其他公司任职？

是□　否□

如是，请填报各公司的名称、注册资本、经营范围，以及本人在该公司任职的情况。

四、是否负有数额较大的到期未清偿债务，或者未偿还经法院判决、裁定应当偿付的债务，或者被法院采取强制措施，或者受到仍然有效的法院判决、裁定所限制？

是□　否□

如是，请详细说明。

五、是否曾担任因经营不善破产清算、关停并转或者曾有类似情况的公司、企业的董事、监事或者厂长、经理？

是□　否□

六、是否曾担任因违法而被吊销营业执照的公司、企业的法定代表人？

是□　否□

七、是否曾因犯有贪污、贿赂、内幕交易、操纵证券、期货交易价格、挪用财产、侵占财产罪或者其他破坏社会主义经济秩序罪而受到刑事处罚？

是□　否□

如是，请详细说明。

八、是否曾因违反《证券法》、《上市公司信息披露管理办法》和《证券市场禁入规定》等证券市场法律、行政法规或者部门规章而受到行政处罚？

是□　否□

如是，请详细说明。

九、除第七项、第八项以外，本人是否曾违反其他法律、行政法规受到刑事处罚或者行政处罚，是否曾违反本规则或者本所其他相关规定受到本所处分？

是□　否□

如是，请详细说明。

十、是否正处于被指控犯有贪污、贿赂、内幕交易、操纵证券、期货交易价格、挪用财产、侵占财产罪或者其他破坏社会主义经济秩序罪的刑事诉讼中？

是□　否□

如是，请详细说明。

十一、是否因涉嫌违反证券市场法律、行政法规正受到中国证监会的调查或者涉及在任何中国证监会所进行的行政程序中？

是□　否□

如是，请详细说明。

十二、本人以及本人的配偶、父母、子女是否持有本公司股票及其衍生品种？

是□　否□

如是，请详细说明。

十三、在上市公司及其控股子公司业务中，过去或者现在是否拥有除前项以外的任何其他利益？

是□　否□

如是，请详细说明。

十四、是否参加过中国证监会或者深圳证券交易所组织或者认可的证券业务培训？

是□　否□

如是，请详细说明。

十五、是否已明确知悉作为上市公司的董事，如果对下列问题负有直接责任的，将被追究刑事责任：

（一）公司向股东和社会公众提供虚假的或者隐瞒重大事实的财务会计报告，严重损害股东或者其他人利益，或者有其他严重情节的；

（二）公司对依法应当披露的其他重要信息不按照规定披露，严重损害股东或者其他人利益，或者有其他严重情节的。

是□　否□

十六、是否已明确知悉作为上市公司的董事，如果违背对公司的忠实义务，利用职务便利，操纵上市公司从事下列行为之一，致使上市公司利益遭受特别重大损失的，将被追究刑事责任：

（一）无偿向其他单位或者个人提供资金、商品、服务或者其他资产的；

（二）以明显不公平的条件，提供或者接受资金、商品、服务或者其他资产的；

（三）向明显不具有清偿能力的单位或者个人提供资金、商品、服务或者其他资产的；

（四）向明显不具有清偿能力的单位或者个人提供担保，或者无正当理由为其他单位或者个人提供担保的；

（五）无正当理由放弃债权、承担债务的；

（六）采用其他方式损害上市公司利益的。

是□　否□

十七、除上述问题所披露的信息外，是否有需要声明的其他事项，而不声明该等事项可能影响本人对上述问题回答的真实性、准确性或者完整性？

是□　否□

如是，请详细说明。

本人__________（正楷体）郑重声明，上述回答是真实、准确和完整的，保证不存在任何虚假记载、误导性陈述或者遗漏。本人完全明白作出虚假声明可能导致的后果。深圳证券交易所可依据上述回答所提供的资料，评估本人是否适宜担任上市公司的董事。

声 明 人：　　　　（签署）

日　　期：

此项声明于　　年　月　日在　　　　　　（地点）作出。

见证律师：

日　　期：

第二部分　承　诺

本人__________（正楷体）向深圳证券交易所承诺：

一、本人在履行上市公司董事的职责时，将遵守并促使本公司和本人的授权人遵守国家法律、行政法规和部门规章等有关规定，履行忠实、勤勉尽责的义务。

二、本人在履行上市公司董事的职责时，将遵守并促使本公司和本人的授权人遵守中国证监会发布的部门规章、规范性文件的有关规定。

三、本人在履行上市公司董事的职责时，将遵守并促使本公司和本人的授权人遵守《深圳证券交易所股票上市规则》和深圳证券交易所发布的其他业务规则、细则、指引和通知等。

四、本人在履行上市公司董事的职责时，将遵守并促使本公司和本人的授权人遵守《公司章程》。

五、本人接受深圳证券交易所的监管，包括及时、如实地答复深圳证券交易所向本人提出的任何问题，及时提供《深圳证券交易所股票上市规则》等业务规则、细则、指引和通知规定应当报送的资料及要求提供的其他文件的正本或者副本，并出席本人被要求出席的会议。

六、本人授权深圳证券交易所将本人提供的承诺与声明的资料向中国证监会报告。

七、本人将按要求参加中国证监会和深圳证券交易所组织的专业培训。

八、本人如违反上述承诺，愿意承担由此引起的一切法律责任和接受深圳证券交易所的任何处分。

九、本人因履行上市公司董事的职责或者本承诺而与深圳证券交易所发生争议提起诉讼时，由深圳证券交易所住所地法院管辖。

承 诺 人：　　　　（签署）

日　　期：

此项承诺于　　年　　月　　日在　　　　（地点）作出。

见证律师：

日　　期：

附件二：监事声明及承诺书

第一部分　声　明

一、基本情况

1. 上市公司全称：________________

2. 上市公司股票简称：________ 股票代码：________

3. 本人姓名：________________

4. 别名：________________

5. 曾用名：________________

6. 出生日期：________________

7. 住址：________________

8. 国籍：________________

9. 拥有哪些国家或者地区的长期居留权（如适用）：________________

10. 专业资格（如适用）：________________

11. 身份证号码：________________

12. 护照号码（如适用）：________________

13. 近亲属的姓名、身份证号码：________________

配偶：________________

父母：________________

子女（含年满十八岁具有民事行为能力的子女）：________________

兄弟姐妹：________________

14. 最近五年工作经历：________________

____

____

二、是否有配偶、父母、年满十八岁具有民事行为能力的子女及配偶、兄弟姐妹及配偶担任本公司董事、监事或者高级管理人员？

是□　否□

如是，请详细说明。

三、是否在其他公司任职？

是□　否□

如是，请填报各公司的名称、注册资本、经营范围，以及本人在该公司任职的情况。

四、是否负有数额较大的到期未清偿债务，或者未偿还经法院判决、裁定应当偿付的债务，或者被法院采取强制措施，或者受到仍然有效的法院判决、裁定所限制？

是□　否□

如是，请详细说明。

五、是否曾担任因经营不善破产清算、关停并转或者曾有类似情况的公司、企业的董事、监事或者厂长、经理？

是□　否□

六、是否曾担任因违法而被吊销营业执照的公司、企业的法定代表人？

是□　否□

七、是否曾因犯有贪污、贿赂、内幕交易、操纵证券、期货交易价格、挪用财产、侵占财产罪或者其他破坏社会主义经济秩序罪而受到刑事处罚？

是□　否□

如是，请详细说明。

八、是否曾因违反《证券法》《上市公司信息披露管理办法》和《证券市场禁入规定》等证券市场法律、行政法规或者部门规章而受到行政处罚？

是□　否□

如是，请详细说明。

九、除第七项、第八项以外，本人是否曾违反其他法律、行政法规受到刑事处罚或者行政处罚，是否曾违反本规则或者本所其他相关规定受到本所处分？

是□　否□

如是，请详细说明。

十、是否正处于被指控犯有贪污、贿赂、内幕交易、操纵证券、期货交易价格、挪用财产、侵占财产罪或者其他破坏社会主义经济秩序罪的刑事诉讼中？

是□　否□

如是，请详细说明。

十一、是否因涉嫌违反证券市场法律、行政法规正受到中国证监会的调查或者涉及在任何中国证监会所进行的行政程序中？

是□　否□

如是，请详细说明。

十二、本人以及本人的配偶、父母、子女是否持有本公司股票及其衍生品种？

是□　否□

如是，请详细说明。

十三、在上市公司及其控股子公司业务中，过去或者现在是否拥有除前项以外的任何其他利益？

是□　否□

如是，请详细说明。

十四、是否参加过中国证监会或者深圳证券交易所组织或者认可的证券业务培训？

是□　否□

如是，请详细说明。

十五、是否已明确知悉作为上市公司的监事，如果对下列问题负有直接责任的，将被追究刑事责任：

（一）公司向股东和社会公众提供虚假的或者隐瞒重大事实的财务会计报告，严重损害股东或者其他人利益，或者有其他严重情节的；

（二）公司对依法应当披露的其他重要信息不按照规定披露，严重损害股东或者其他人利益，或者有其他严重情节的。

是□　否□

十六、是否已明确知悉作为上市公司的监事，如果违背对公司的忠实义务，利用职务便利，操纵上市公司从事下列行为之一，致使上市公司利益遭受特别重大损失的，将被追究刑事责任：

（一）无偿向其他单位或者个人提供资金、商品、服务或者其他资产的；

（二）以明显不公平的条件，提供或者接受资金、商品、服务或者其他资产的；

（三）向明显不具有清偿能力的单位或者个人提供资金、商品、服务或者其他资产的；

（四）向明显不具有清偿能力的单位或者个人提供担保，或者无正当理由为其他单位或者个人提供担保的；

（五）无正当理由放弃债权、承担债务的；

（六）采用其他方式损害上市公司利益的。

是□　否□

十七、除上述问题所披露的信息外，是否有需要声明的其他事项，而不声明该等事项可能影响本人对上述问题回答的真实性、准确性或者完整性？

是□　否□

如是，请详细说明。

本人____________（正楷体）郑重声明，上述回答是真实、准确和完整的，保证不存在任何虚假记载、误导性陈述或者遗漏。本人完全明白作出虚假声明可能导致的后果。深圳证券交易所可依据上述回答所提供的资料，评估本人是否适宜担任上市公司的监事。

声 明 人：　　　（签署）

日　　期：

此项声明于　　年　　月　　日在　　　　（地点）作出。

见证律师：

日　　期：

第二部分　承　诺

本人____________（正楷体）向深圳证券交易所承诺：

一、本人在履行上市公司监事的职责时，将遵守并促使本公司及其董事和高级管理人员遵守国家法律、行政法规和部门规章等有关规定，履行忠实、勤勉义务。

二、本人在履行上市公司监事的职责时，将遵守并促使本公司及其董事和高级管理人员遵守中国证监会发布的部门规章、规范性文件的有关规定。

三、本人在履行上市公司监事的职责时，将遵守并促使本公司及其董事和高级管理人员遵守《深圳证券交易所股票上市规则》和深圳证券交易所发布的其他业务规则、细则、指引和通知等。

四、本人在履行上市公司监事的职责时，将遵守并促使本公司及其董事和高级管理人员遵守《公司章程》。

五、本人在履行上市公司监事的职责时，将监督本公司董事和高级管理人员认真履行职责并严格遵守在《董事（高级管理人员）声明及承诺书》中作出的承诺。

六、本人接受深圳证券交易所的监管，包括及时、如实地答复深圳证券交易所向本人提出的任何问题，及时提供并促使本公司董事和高级管理人员及时提供《深圳证券交易所股票上市规则》等业务规则、细则、指引和通知规定应当报送的资料及要求提供的其他文件的正本或者副本，并出席本人被要求出席的会议。

七、本人授权深圳证券交易所将本人提供的承诺与声明的资料向中国证监会报告。

八、本人按要求参加中国证监会和深圳证券交易所组织的专业培训。

九、本人如违反上述承诺，愿意承担由此引起的一切法律责任和接受深圳证券交易所的任何处分。

十、本人因履行上市公司监事的职责或者本承诺而与深圳证券交易所发生争议提起诉讼时，由深圳证券交易所住所地法院管辖。

承 诺 人：　　　　（签署）

日　　期：

此项承诺于　　年　　月　　日在　　　（地点）作出。

见证律师：

日　　期：

附件三：高级管理人员声明及承诺书

第一部分　声　明

一、基本情况

1. 上市公司全称：____________________

2. 上市公司股票简称：__________ 股票代码：__________

3. 本人姓名：____________________

4. 别名：____________________

5. 曾用名：____________________

6. 出生日期：____________________

7. 住址：____________________

8. 国籍：____________________

9. 拥有哪些国家或者地区的长期居留权（如适用）：____________________

10. 专业资格（如适用）：____________________

11. 身份证号码：____________________

12. 护照号码（如适用）：____________________

13. 近亲属的姓名、身份证号码：____________________

配偶：____________________

父母：____________________

子女（含年满十八岁具有民事行为能力的子女）：__________

兄弟姐妹：____________________

14. 最近五年工作经历：____________________

二、是否有配偶、父母、年满十八岁具有民事行为能力的子女及配偶、兄弟姐妹及配偶担任本公司董事、监事或者高级管理人员？

是□　否□

如是，请详细说明。

三、是否在其他公司任职？

是□　否□

如是，请填报各公司的名称、注册资本、经营范围、以及本人在该公司任职的情况。

四、是否负有数额较大的到期未清偿债务，或者未偿还经法院判决、裁定应当偿付的债务，或者被法院采取强制措施，或者受到仍然有效的法院判决、裁定所限制？

是□　否□

如是，请详细说明。

五、是否曾担任因经营不善破产清算、关停并转或者曾有类似情况的公司、企业的董事、监事或者厂长、经理？

是□　否□

六、是否曾担任因违法而被吊销营业执照的公司、企业的法定代表人？

是□　否□

七、是否曾因犯有贪污、贿赂、内幕交易、操纵证券、期货交易价格、挪用财产、侵占财产罪或者其他破坏社会主义经济秩序罪而受到刑事处罚？

是□　否□

如是，请详细说明。

八、是否曾因违反《证券法》、《上市公司信息披露管理办法》和《证券市场禁入规定》等证券市场法律、行政法规或者部门规章而受到行政处罚？

是□　否□

如是，请详细说明。

九、除第七项、第八项以外，本人是否曾违反其他法律、行政法规受到刑事处罚或者行政处罚，是否曾违反本规则或者本所其他相关规定受到本所处分？

是□　否□

如是，请详细说明。

十、是否正处于被指控犯有贪污、贿赂、内幕交易、操纵证券、期货交易价格、挪用财产、侵占财产罪或者其他破坏社会主义经济秩序罪的刑事诉讼中？

是□　否□

如是，请详细说明。

十一、是否因涉嫌违反证券市场法律、行政法规正受到中国证监会的调查或者涉及在任何中国证监会所进行的行政程序中？

是□　否□

如是，请详细说明。

十二、本人以及本人的配偶、父母、子女是否持有本公司股票及其衍生品种？

是□　否□

如是，请详细说明。

十三、在上市公司及其控股子公司业务中，过去或者现在是否拥有除前项以外的任何其他利益？

是□　否□
如是，请详细说明。

十四、是否参加过中国证监会或者深圳证券交易所组织或者认可的证券业务培训？

是□　否□
如是，请详细说明。

十五、是否已明确知悉作为上市公司的高级管理人员，如果对下列问题负有直接责任的，将被追究刑事责任：

（一）公司向股东和社会公众提供虚假的或者隐瞒重大事实的财务会计报告，严重损害股东或者其他人利益，或者有其他严重情节的；

（二）公司对依法应当披露的其他重要信息不按照规定披露，严重损害股东或者其他人利益，或者有其他严重情节的。

是□　否□

十六、是否已明确知悉作为上市公司的高级管理人员，如果违背对公司的忠实义务，利用职务便利，操纵上市公司从事下列行为之一，致使上市公司利益遭受特别重大损失的，将被追究刑事责任：

（一）无偿向其他单位或者个人提供资金、商品、服务或者其他资产的；

（二）以明显不公平的条件，提供或者接受资金、商品、服务或者其他资产的；

（三）向明显不具有清偿能力的单位或者个人提供资金、商品、服务或者其他资产的；

（四）向明显不具有清偿能力的单位或者个人提供担保，或者无正当理由为其他单位或者个人提供担保的；

（五）无正当理由放弃债权、承担债务的；

（六）采用其他方式损害上市公司利益的。

是□　否□

十七、除上述问题所披露的信息外，是否有需要声明的其他事项，而不声明该等事项可能影响本人对上述问题回答的真实性、准确性或者完整性?

是□　否□

如是，请详细说明。

本人________________（正楷体）郑重声明，上述回答是真实、准确和完整的，保证不存在任何虚假记载、误导性陈述或者遗漏。本人完全明白作出虚假声明可能导致的后果。深圳证券交易所可以依据上述回答所提供的资料，评估本人是否适宜担任上市公司的高级管理人员。

声 明 人：　　　（签署）

日　　期：

此项声明于　　年　　月　　日在　　　　（地点）作出。

见证律师：

日　　期：

第二部分　承　诺

本人____________（正楷体）向深圳证券交易所承诺：

一、本人在履行上市公司高级管理人员的职责时，将遵守并促使本公司遵守国家法律、行政法规和部门规章等有关规定，履行忠实、勤勉尽责的义务。

二、本人在履行上市公司高级管理人员的职责时，将遵守并促使本公司遵守中国证监会发布的部门规章、规范性文件等有关规定。

三、本人在履行上市公司高级管理人员的职责时，将遵守并促使本公司遵守《深圳证券交易所股票上市规则》和深圳证券交易所发布的其他业务规则、细则、指引和通知等。

四、本人在履行上市公司高级管理人员的职责时，将遵守并促使本公司遵守《公司章程》。

五、本人在履行上市公司高级管理人员的职责时，将及时向董事会和董事会秘书报告公司经营和财务等方面出现的可能对公司股票及其衍生品种交易价格产生较大影响的事项和《深圳证券交易所股票上市规则》等业务规则、细则、指引和通知规定的其他重大事项。

六、本人接受深圳证券交易所的监管，包括及时、如实地答复深圳证券交易所向本人提出的任何问题，及时提供《深圳证券交易所股票上市规则》等业务规则、细则、指引和通知规定应当报送的资料及要求提供的其他文件的正本或者副本，并出席本人被要求出席的会议。

七、本人授权深圳证券交易所将本人提供的承诺与声明的资料向中国证监会报告。

八、本人将按要求参加中国证监会和深圳证券交易所组织的业务培训。

九、本人如违反上述承诺，愿意承担由此引起的一切法律责任和接受深圳证券交易所的任何处分。

十、本人因履行上市公司高级管理人员职责或者本承诺而与深圳证券交易所发生争议提起诉讼时，由深圳证券交易所住所地法院管辖。

承 诺 人：　　　　　　（签署）

日　　期：

此项承诺于　　年　　月　　日在　　　　　（地点）作出。

见证律师：

日　　期：

关于发布《深圳证券交易所创业板股票上市规则（2020年12月修订）》的通知

（深证上〔2020〕1292 号）

关于发布《深圳证券交易所创业板股票上市规则（2020年12月修订）》的通知

各市场参与人：

为贯彻落实中央深改委审议通过的《健全上市公司退市机制实施方案》，进一步完善市场化、常态化退出机制，净化资本市场生态，保护投资者合法权益，按照中国证监会统一部署，本所对《深圳证券交易所创业板股票上市规则（2020年修订）》进行了修订，并形成《深圳证券交易所创业板股票上市规则（2020年12月修订）》（以下简称“新规”）。经中国证监会批准，现予以发布，自发布之日起施行。

为确保新规顺利施行，作出以下具体安排：

一、新规第10.3.1条新增的第四项财务类退市风险警示情形、第10.5.2条新增的第四项重大违法强制退市情形，以2020年作为第一个会计年度起算。

二、新规施行后收到行政处罚事先告知书且可能触及重大违法强制退市情形的公司，依据行政处罚决定书认定的事实，公司2015年度至2020年度内的任意连续会计年度财务指标实际已触及《深圳证券交易所上市公司重大违法强制退市实施办法》规定的重大违法强制退市情形的，本所对其股票实施重大违法强制退市；公司在2020年度及以后年度中的任意连续会计年度财务类指标实际已触及新规重大违法强制退市情形的，本所对其股票实施重大违法强制退市。

三、判断公司是否触及新规第9.4条新增的第四项、第六项其他风险警示情形时，以2020年为最近一个会计年度，以2018年至2020年为最近三个会计年度。

除前述规定外，新规其他实施安排仍按照本所2020年6月12日发布的《关于发布〈深圳证券交易所创业板股票上市规则（2020年修订）〉的通知》（深证上〔2020〕500号）执行。

特此通知

深圳证券交易所

2020年12月31日

深圳证券交易所创业板股票上市规则

（2020年12月修订）

（2009 年 7 月实施　2012 年 4 月第一次修订　2014 年 10 月第二次修订　2018 年 4 月第三次修订　2018 年 11 月第四次修订　2020 年 6 月第五次修订　2020 年 12 月第六次修订）

目　　录

第一章

总则

1.1　为规范公司股票、存托凭证、可转换为股票的公司债券（以下简称“可转换公司债券”）及其他衍生品种（以下统称“股票及其衍生品种”）的上市行为，以及发行人、上市公司及相关信息披露义务人的信息披露行为，维护证券市场秩序，保护投资者的合法权益，本所根据《中华人民共和国公司法》(以下简称《公司法》)、《中华人民共和国证券法》(以下简称《证券法》)、《创业板上市公司持续监管办法（试行)》等法律、行政法规、部门规章、规范性文件及《深圳证券交易所章程》，制定本规则。

1.2　股票及其衍生品种在本所创业板的上市和持续监管事宜，适用本规则；本规则未作规定的，适用本所其他相关规定。

1.3　发行人申请股票及其衍生品种在本所创业板上市，应当经本所审核同意，并在上市前与本所签订上市协议，明确双方的权利、义务和有关事项。

1.4　发行人、上市公司及其董事、监事、高级管理人员、股东或存托凭证持有人、实际控制人、收购人、重大资产重组有关各方等自然人、机构及其相关人员，破产管理人及其成员，以及保荐机构及其保荐代表人、证券服务机构及其相关人员应当遵守法律、行政法规、部门规章、规范性文件、本规则和本所发布的细则、指引、通知、办法、指南等相关规定（以下简称本所其他相关规定），诚实守信，勤勉尽责。

1.5　本所依据法律、行政法规、部门规章、规范性文件、本规则、本所其他相关规定和上市协议、相关主体的声明与承诺，对第1.4条规定的主体进行自律监管。

第二章

股票及其衍生品种上市和交易

第一节　首次公开发行的股票上市

2.1.1　发行人申请在本所创业板上市，应当符合下列条件：

（一）符合中国证券监督管理委员会（以下简称“中国证监会”）规定的创业板发行条件；

（二）发行后股本总额不低于 3000 万元；

（三）公开发行的股份达到公司股份总数的 25% 以上；公司股本总额超过 4 亿元的，公开发行股份的比例为 10% 以上；

（四）市值及财务指标符合本规则规定的标准；

（五）本所要求的其他上市条件。

红筹企业发行股票的，前款第二项调整为发行后的股份总数不低于 3000 万股，前款第三项调整为公开发行的股份达到公司股份总数的 25% 以上；公司股份总数超过 4 亿股的，公开发行股份的比例为10%以上。红筹企业发行存托凭证的，前款第二项调整为发行后的存托凭证总份数不低于3000万份，前款第三项调整为公开发行的存托凭证对应基础股份达到公司股份总数的25%以上；发行后的存托凭证总份数超过4亿份的，公开发行存托凭证对应基础股份达到公司股份总数的10%以上。

本所可以根据市场情况，经中国证监会批准，对上市条件和具体标准进行调整。

2.1.2　发行人为境内企业且不存在表决权差异安排的，市值及财务指标应当至少符合下列标准中的一项：

（一）最近两年净利润均为正，且累计净利润不低于5000万元；

（二）预计市值不低于10亿元，最近一年净利润为正且营业收入不低于1亿元；

（三）预计市值不低于50亿元，且最近一年营业收入不低于3亿元。

2.1.3　符合《国务院办公厅转发证监会关于开展创新企业境内发行股票或存托凭证试点若干意见的通知》（国办发〔2018〕21号）等相关规定且最近一年净利润为正的红筹企业，可以申请其股票或存托凭证在创业板上市。

营业收入快速增长，拥有自主研发、国际领先技术，同行业竞争中处于相对优势地位的尚未在境外上市红筹企业，申请在创业板上市的，市值及财务指标应当至少符合下列标准中的一项：

（一）预计市值不低于100亿元，且最近一年净利润为正；

（二）预计市值不低于50亿元，最近一年净利润为正且营业收入不低于5亿元。

前款所称营业收入快速增长，指符合下列标准之一：

（一）最近一年营业收入不低于 5 亿元的，最近三年营业收入复合增长率 10% 以上；

（二）最近一年营业收入低于 5 亿元的，最近三年营业收入复合增长率 20% 以上；

（三）受行业周期性波动等因素影响，行业整体处于下行周期的，发行人最近三年营业收入复合增长率高于同行业可比公司同期平均增长水平。

处于研发阶段的红筹企业和对国家创新驱动发展战略有重要意义的红筹企业，不适用“营业收入快速增长”的规定。

2.1.4　发行人具有表决权差异安排的，市值及财务指标应当至少符合下列标准中的一项：

（一）预计市值不低于 100 亿元，且最近一年净利润为正；

（二）预计市值不低于 50 亿元，最近一年净利润为正且营业收入不低于 5 亿元。

发行人特别表决权股份的持有人资格、公司章程关于表决权差异安排的具体要求，应当符合本规则第四章第四节的规定。

2.1.5　本节所称净利润以扣除非经常性损益前后的孰低者为准，所称净利润、营业收入均指经审计的数值。

2.1.6　发行人在境内首次公开发行股票经中国证监会予以注册并完成公开发行后，向本所提出上市申请的，应当提交下列文件：

（一）上市申请书；

（二）中国证监会予以注册的决定；

（三）首次公开发行股票结束后发行人全部股票已经中国证券登记结算有限责任公司深圳分公司（以下简称“结算公司”）登记的证明文件；

（四）首次公开发行结束后，符合《证券法》规定的会计师事务所出具的验资报告；

（五）发行人、控股股东、实际控制人、董事、监事和高级管理人员根据本规则及本所其他相关规定要求出具的证明、声明及承诺；

（六）首次公开发行后至上市前，按规定新增的财务资料和有关重大事项的说明（如适用）；

（七）本所要求的其他文件。

2.1.7　发行人及其董事、监事和高级管理人员应当保证上市申请文件真实、准确、完整，不存在虚假记载、误导性陈述或者重大遗漏。

2.1.8　本所收到发行人完备的上市申请文件后五个交易日内，作出是否同意上市的决定。

发行人发生重大事项，对是否符合上市条件和信息披露要求产生重大影响的，本所可提请创业板上市委员会进行审议，审议时间不计入前款规定期限。

2.1.9　发行人应当于股票上市前五个交易日内，在本所网站和符合中国证监会规定条件的媒体（以下统称“符合条件媒体”）披露下列文件：

（一）上市公告书；

（二）公司章程；

（三）本所要求的其他文件。

2.1.10　刊登招股意向书或者招股说明书后，发行人应当持续关注媒体（包括报纸、网站、股票论坛、自媒体等）对公司的相关报道或者传闻，及时向有关方面了解真实情况，相关报道或者传闻可能对公司股票及其衍生品种交易价格或者投资决策产生较大影响的，应当在上市首日刊登风险提示公告，对相关问题进行说明澄清并提示公司存在的主要风险。

第二节　上市公司股票及其衍生品种的发行与上市

2.2.1　上市公司依法向不特定对象发行股票或者可转换公司债券的，应当按照中国证监会及本所有关规定及时披露涉及新股或者可转换公司债券发行的相关公告，并向本所申请办理发行事宜。

2.2.2　上市公司股票或者可转换公司债券发行结束完成登记后，应当按照本所有关规定披露上市公告等相关文件，并向本所申请办理上市事宜。

2.2.3　上市公司申请股票、可转换公司债券在本所上市时仍应当符合相应的发行条件。

2.2.4　上市公司在本所同意其新股或者可转换公司债券的上市申请后，应当在新股或者可转换公司债券上市前五个交易日内，在符合条件媒体披露下列文件：

（一）上市公告书；

（二）股份变动报告书（适用于新股上市）；

（三）本所要求的其他文件。

第三节　股份变动管理

2.3.1　上市公司股东以及董事、监事和高级管理人员所持股份的限售、减持及其他股份变动事宜，应当遵守《公司法》、《证券法》、中国证监会相关规定、本所《上市公司股东及董事、监事、高级管理人员减持股份实施细则》（以下简称《减持细则》）、《上市公司创业投资基金股东减持股份实施细则》等相关规定及公司章程。

上市公司股东可以通过向特定机构投资者询价转让、配售方式转让首次公开发行前已发行的股份（以下简称“首发前股份”），转让的方式、程序、价格、比例以及后续转让等事项，由本所另行规定，报中国证监会批准后实施。

2.3.2　上市公司股东持有的首发前股份，可以在公司上市前托管在为公司提供首次公开发行上市保荐服务的保荐机构，并由保荐机构按照本所业务规则的规定，对股东减持首发前股份的交易委托进行监督管理。

2.3.3　公司股东持有的首发前股份，自发行人股票上市之日起十二个月内不得转让。

2.3.4　上市公司控股股东、实际控制人及其一致行动人减持本公司首发前股份的，应当遵守下列规定：

（一）自公司股票上市之日起三十六个月内，不得转让或者委托他人管理其直接和间接持有的首发前股份，也不得提议由上市公司回购该部分股份；

（二）法律法规、中国证监会规定、本规则以及本所业务规则对控股股东、实际控制人股份转让的其他规定。

发行人向本所申请其股票首次公开发行并上市时，控股股东、实际控制人及其一致行动人应当承诺遵守前款规定。

转让双方存在控制关系或者受同一实际控制人控制的，自发行人股票上市之日起十二个月后，可豁免遵守本条第一款规定。

2.3.5　公司上市时未盈利的，在实现盈利前，控股股东、实际控制人及其一致行动人自公司股票上市之日起三个完整会计年度内，不得减持首发前股份；自公司股票上市之日起第四个和第五个完整会计年度内，每年减持的首发前股份不得超过公司股份总数的2%，并应当符合《减持细则》关于减持股份的相关规定。

公司上市时未盈利的，在实现盈利前，董事、监事、高级管理人员自公司股票上市之日起三个完整会计年度内，不得减持首发前股份；在前述期间内离职的，应当继续遵守本款规定。

公司实现盈利后，前两款规定的股东可以自当年年度报告披露后次日起减持首发前股份，但应当遵守本节其他规定。

2.3.6 上市公司申请有限售条件的股份上市流通，应当按照本所相关规定办理，并在股份上市流通前三个交易日内披露提示性公告。

2.3.7 上市公司控股股东、实际控制人在限售期满后减持首发前股份的，应当明确并披露未来十二个月的控制权安排，保证公司持续稳定经营。

2.3.8 上市公司董事、监事和高级管理人员应当按照本所有关规定申报并申请锁定其所持的本公司股份。

公司董事、监事、高级管理人员所持本公司股份发生变动的（因公司派发股票股利和资本公积转增股本导致的变动除外），应当及时向公司报告并由公司在本所网站公告。

2.3.9 上市公司可能触及本规则第十章规定的重大违法强制退市情形的，自相关行政处罚事先告知书或者司法裁判作出之日起至下列任一情形发生前，公司控股股东及其一致行动人、实际控制人以及董事、监事、高级管理人员不得减持公司股份：

（一）公司股票终止上市并摘牌；

（二）公司收到相关行政处罚决定或者人民法院司法裁判生效，显示公司未触及重大违法强制退市情形。

公司披露无控股股东、实际控制人的，其第一大股东及第一大股东的实际控制人应当遵守前款规定。

2.3.10 投资者及其一致行动人在上市公司拥有权益的股份变动涉及《证券法》《上市公司收购管理办法》等规定的收购或者股份权益变动情形的，应当按照规定履行报告和公告义务，并及时通知公司发布提示性公告。

公司应当在知悉上述收购或者股份权益变动时，及时对外发布公告。

2.3.11　因上市公司减少股本，导致投资者及其一致行动人拥有权益的公司股份达到《证券法》《上市公司收购管理办法》等规定的股份权益变动情形的，公司应当自完成减少股本的变更登记之日起两个交易日内对外发布公告。

2.3.12　上市公司控股子公司不得取得该上市公司发行的股份。确因特殊原因持有股份的，应当在一年内消除该情形，在消除前，上市公司控股子公司不得对其持有的股份行使表决权。

2.3.13　持有上市公司5%以上股份的契约型基金、信托计划或者资产管理计划，应当在权益变动文件中披露支配股份表决权的主体，以及该主体与上市公司控股股东、实际控制人、董事、监事、高级管理人员是否存在关联关系。

契约型基金、信托计划或者资产管理计划成为上市公司控股股东、第一大股东或者实际控制人的，除应当履行前款规定义务外，还应当在权益变动文件中穿透披露至最终投资者。

2.3.14　上市公司无控股股东、实际控制人的，上市公司第一大股东及其最终控制人应当参照适用本节关于控股股东、实际控制人的规定。

发行人的高级管理人员设立的专项资产管理计划，通过集中竞价方式减持参与战略配售获配股份的，应当参照《减持细则》关于高级管理人员减持股份的规定履行信息披露义务。

第三章

上市保荐和持续督导

第一节　一般规定

3. 1. 1　发行人向本所申请其首次公开发行的股票、存托凭证和上市后发行的新股、存托凭证、可转换公司债券在本所上市，应当由保荐机构保荐，根据相关规定无须保荐的除外。

保荐机构应当为同时具有保荐业务资格和本所会员资格的证券公司。

3. 1. 2　保荐机构应当与发行人签订保荐协议，明确双方在公司发行的股票、存托凭证、可转换公司债券申请上市期间和持续督导期间的权利和义务。

首次公开发行股票的，持续督导期间为股票上市当年剩余时间及其后三个完整会计年度；上市后发行新股、可转换公司债券的，持续督导期间为股票、可转换公司债券上市当年剩余时间及其后两个完整会计年度。持续督导期间自股票、可转换公司债券上市之日起计算。

对于在信息披露、规范运作、公司治理、内部控制等方面存在重大缺陷或者违规行为，或者实际控制人、董事会、管理层发生重大变化等风险较大的公司，保荐机构应当督促公司解决相关问题或者消除相关风险。持续督导期届满但相关问题尚未解决或者相关风险尚未消除的，本所可以要求保荐机构继续履行持续督导职责。

3.1.3　保荐机构应当在签订保荐协议时指定两名保荐代表人具体负责保荐工作，作为保荐机构与本所之间的指定联络人。

3.1.4　保荐机构保荐股票、存托凭证、可转换公司债券上市时，应当向本所提交上市保荐书、保荐机构经中国证监会核准经营证券承销与保荐业务的证明文件，以及与上市保荐工作有关的其他文件。

3.1.5　保荐机构应当建立健全并有效执行持续督导业务管理制度。保荐机构和保荐代表人在持续督导期间应当针对上市公司的具体情况，制定履行各项持续督导职责的实施方案，履行持续督导职责。

3.1.6　刊登证券发行募集文件以后直至持续督导工作结束，保荐机构和发行人不得终止保荐协议，但存在合理理由的情形除外。发行人因再次申请发行证券另行聘请保荐机构、保荐机构被中国证监会撤销保荐业务资格的，应当终止保荐协议。

保荐机构和发行人终止保荐协议的，发行人应当自终止之日起五个交易日内披露，说明原因。

发行人另行聘请保荐机构的，应当及时公告。新聘请的保荐机构应当及时向本所提交本规则第3.1.4条规定的有关文件。

3.1.7　保荐机构更换保荐代表人的，应当及时通知上市公司。上市公司应当在收到通知后及时披露保荐代表人变更事宜。

第二节　持续督导职责的履行

3.2.1　保荐机构应当督导上市公司建立健全并有效执行公司治理制度、财务内控制度和信息披露制度，以及督导上市公司按照本规则的规定履行信息披露及其他相关义务，审阅信息披露文件及其他相关文件，并保证制作、出具的文件真实、准确、完整，没有虚假记载、误导性陈述或者重大遗漏。

保荐机构和保荐代表人应当督导上市公司的控股股东、实际控制人、董事、监事和高级管理人员遵守本规则及本所其他相关规定，并履行其所作出的承诺。

3.2.2　保荐机构应当在上市公司向本所报送信息披露文件及其他文件，或者履行信息披露义务后，完成对有关文件的审阅工作。发现信息披露文件存在问题的，应当及时督促公司更正或者补充。

3.2.3　上市公司股票交易出现本所业务规则规定的严重异常波动情形的，保荐机构、保荐代表人应当督促上市公司及时按照本规则履行信息披露义务。

3.2.4　上市公司临时报告披露的信息涉及募集资金、关联交易、委托理财、提供担保、对外提供财务资助等重大事项的，保荐机构应当按照中国证监会和本所相关规定发表意见。

3.2.5　上市公司日常经营出现以下情形的，保荐机构应当就相关事项对公司日常经营的影响以及是否存在其他未披露重大风险发表意见并披露：

（一）主要业务停滞或者出现可能导致主要业务停滞的重大风险事件；

（二）主要资产被查封、扣押或冻结；

（三）未清偿到期重大债务；

（四）控股股东、实际控制人、董事、监事或者高级管理人员涉嫌犯罪被司法机关采取强制措施；

（五）本所或者保荐机构认为应当发表意见的其他情形。

3.2.6 上市公司出现下列使公司的核心竞争力面临重大风险情形的，保荐机构应当就相关事项对公司核心竞争力和日常经营的影响以及是否存在其他未披露重大风险发表意见并披露：

（一）公司核心技术团队或者关键技术人员等对公司核心竞争力有重大影响的人员辞职或者发生较大变动；

（二）公司在用的核心商标、专利、专有技术、特许经营权等重要资产或者核心技术许可到期、出现重大纠纷、被限制使用或者发生其他重大不利变化；

（三）主要产品、核心技术、关键设备、经营模式等面临被替代或者被淘汰的风险；

（四）重要研发项目研发失败、终止、未获有关部门批准，或者公司放弃对重要核心技术项目的继续投资或者控制权；

（五）本所或者保荐机构认为应当发表意见的其他情形。

3.2.7 上市公司出现下列情形之一的，保荐机构和保荐代表人应当在知悉或者理应知悉之日起十五日内进行专项现场核查：

（一）存在重大财务造假嫌疑；

（二）控股股东、实际控制人、董事、监事或者高级管理人员涉嫌侵占上市公司利益；

（三）可能存在重大违规担保；

（四）资金往来或者现金流存在重大异常；

（五）本所或者保荐机构认为应当进行现场核查的其他事项。

保荐机构进行现场核查的，应当告知上市公司现场核查结果及提请公司注意的事项，并在现场核查结束后十个交易日内披露现场核查报告。

3.2.8 持续督导期内，保荐机构应当自上市公司披露年度报告、半年度报告后十五个交易日内按照中国证监会和本所相关规定在符合条件媒体披露跟踪报告。

保荐机构应当对上市公司进行必要的现场检查，以保证所发表的意见不存在虚假记载、误导性陈述或者重大遗漏。

3.2.9 保荐机构履行保荐职责发表的意见应当及时告知上市公司，并记录于保荐工作档案。

上市公司应当按照中国证监会及本所相关规定，积极配合保荐机构、保荐代表人履行持续督导职责。上市公司不配合保荐机构、保荐代表人持续督导工作的，保荐机构、保荐代表人应当督促改正，并及时向本所报告。

3.2.10 保荐机构在履行保荐职责期间有充分理由确信上市公司可能存在违反本规则规定的行为的，应当督促上市公司作出说明和限期纠正，并向本所报告。

保荐机构按照有关规定对上市公司违法违规事项公开发表声明的，应当于披露前向本所书面报告，经本所审查后在符合条件媒体公告。本所对上述公告进行形式审查，对其内容的真实性不承担责任。

3.2.11 保荐机构有充分理由确信相关证券服务机构及其签字人员出具的专业意见可能存在虚假记载、误导性陈述或者重大遗漏等违法违规情形或者其他不当情形的，应当及时发表意见并向本所报告。

3.2.12 持续督导工作结束后，保荐机构应当在上市公司年度报告披露之日起的十个交易日内披露保荐总结报告书。

3.2.13 持续督导期届满，上市公司募集资金尚未使用完毕的，保荐机构应继续履行募集资金相关的持续督导职责，如有其他尚未完结的保荐工作，保荐机构应当继续完成。

第四章

公司治理

第一节　股东大会、董事会和监事会

4.1.1　上市公司应当建立健全并实施有效的内部控制制度，形成科学有效的职责分工和制衡机制，确保股东大会、董事会、监事会等机构合法运作和科学决策，保证公司经营管理合法合规、资金资产安全、信息披露真实、准确、完整。

4.1.2　上市公司应当依据法律法规和公司章程召开股东大会。对于股东提议要求召开股东大会的书面提案，公司董事会应当在规定期限内提出是否同意召开股东大会的书面反馈意见，不得无故拖延。

股东自行召集股东大会的，应当在发出股东大会通知前书面通知上市公司董事会并将有关文件报送本所备案。在发出股东大会通知至股东大会结束当日期间，召集股东的持股比例不得低于10%。

对于股东依法自行召集的股东大会，公司董事会和董事会秘书应当予以配合，提供必要的支持，并及时履行信息披露义务。

4.1.3 上市公司召开股东大会应当平等对待全体股东，不得以利益输送、利益交换等方式影响股东的表决，操纵表决结果，损害其他股东的合法权益。股东大会审议影响中小投资者利益的重大事项时，应当对中小投资者的表决单独计票并披露。

4.1.4 上市公司年度股东大会应当于召开二十日前，临时股东大会应当于召开十五日前，以公告方式向股东发出股东大会通知。股东大会通知中应当列明会议召开的时间、地点、方式，以及会议召集人和股权登记日等事项，充分、完整地披露所有提案的具体内容，同时在符合条件媒体披露有助于股东对拟讨论的事项作出合理判断所必需的其他资料。

上市公司股东大会应当设置会场，以现场会议形式召开。现场会议时间、地点的选择应当便于股东参加。股东大会通知发出后，无正当理由的，股东大会现场会议召开地点不得变更。确需变更的，召集人应当于现场会议召开日两个交易日前发布通知并说明具体原因。

上市公司应当以网络投票的方式为股东参加股东大会提供便利。股东通过上述方式参加股东大会的，视为出席。

4.1.5 股东大会通知发出后，无正当理由的，不得延期或者取消，股东大会通知中列明的提案不得取消。一旦出现延期或者取消的情形，应当于原定召开日两个交易日前发布通知，说明延期或者取消的具体原因。延期召开股东大会的，应当在通知中公布延期后的召开日期。

4.1.6 股东大会应当聘请律师事务所对会议的召集、召开程序、出席会议人员及召集人的资格、会议的表决程序及结果等事项是否合法有效出具法律意见书。

股东大会决议及法律意见书应当在股东大会结束当日在符合条件媒体披露。

4.1.7　上市公司应当依据法律法规和公司章程召开董事会，董事会决议涉及须经股东大会审议的事项，或者本规则所述重大事项，上市公司应当分别披露董事会决议公告和相关重大事项公告。

4.1.8　上市公司应当依据法律法规和公司章程召开监事会，会议结束后及时披露监事会决议公告。

4.1.9　上市公司应当在董事会下设立审计委员会，内部审计部门对审计委员会负责，向审计委员会报告工作。审计委员会中独立董事应当占多数，召集人应当由独立董事担任且为会计专业人士。

4.1.10　股东大会、董事会或者监事会不能正常召开，或者决议效力存在争议的，上市公司应当及时披露相关事项、争议各方的主张、公司现状等有助于投资者了解公司实际情况的信息，以及律师出具的专项法律意见书。

出现前款规定情形的，上市公司董事会应当维护公司正常生产经营秩序，保护公司及全体股东利益，公平对待所有股东。

第二节　董事、监事和高级管理人员

4.2.1　上市公司的董事、监事和高级管理人员应当在公司首次公开发行股票上市前，新任董事、监事和高级管理人员应当在其任命后一个月内，签署《董事（监事、高级管理人员）声明及承诺书》，并向本所和公司董事会报备。

上述人员在签署《董事（监事、高级管理人员）声明及承诺书》时，应当由律师见证，由律师解释该文件的内容，在充分理解后签字盖章，并保证《董事（监事、高级管理人员）声明及承诺书》中声明事项的真实、准确、完整，不存在虚假记载、误导性陈述或者重大遗漏。

声明事项发生重大变化（持股情况除外）的，上述人员应当在五个交易日内更新，并向本所和公司董事会报备。

4.2.2　上市公司董事应当遵守法律法规和公司章程有关规定，履行以下忠实、勤勉义务，维护上市公司利益：

（一）保护公司资产的安全、完整，不得挪用公司资金和侵占公司财产，不得利用职务之便为公司实际控制人、股东、员工、本人或者其他第三方的利益损害公司利益。

（二）未经股东大会同意，不得为本人及其关系密切的家庭成员（具体范围参见本规则第 7.2.5 条第四项的规定）谋取属于公司的商业机会，不得自营、委托他人经营公司同类业务。

（三）保证有足够的时间和精力参与公司事务，持续关注对公司生产经营可能造成重大影响的事件，及时向董事会报告公司经营活动中存在的问题，不得以不直接从事经营管理或者不知悉为由推卸责任。

（四）原则上应当亲自出席董事会，审慎判断审议事项可能产生的风险和收益；因故不能亲自出席董事会的，应当审慎选择受托人。

（五）积极推动公司规范运行，督促公司真实、准确、完整、公平、及时履行信息披露义务，及时纠正和报告公司违法违规行为。

（六）获悉公司股东、实际控制人及其关联人侵占公司资产、滥用控制权等损害公司或者其他股东利益的情形时，及时向董事会报告并督促公司履行信息披露义务。

（七）严格履行作出的各项承诺。

（八）法律法规、中国证监会规定、本规则及本所其他规定、公司章程规定的其他忠实和勤勉义务。

上市公司监事和高级管理人员应当参照上述要求履行职责。

4.2.3　上市公司董事由股东大会选举或更换，并可在任期届满前由股东大会解除其职务。董事每届任期不得超过三年，任期届满可连选连任。

4.2.4　上市公司应当设立董事会秘书，作为公司与本所之间的指定联络人。

公司应当设立信息披露事务部门，由董事会秘书负责管理。

4.2.5　上市公司应当在首次公开发行股票上市后三个月内或者原任董事会秘书离职后三个月内聘任董事会秘书。董事会秘书空缺期间，董事会应当指定一名董事或者高级管理人员代行董事会秘书的职责，空缺超过三个月的，董事长应当代行董事会秘书职责。

4.2.6　上市公司应当聘任证券事务代表，协助董事会秘书履行职责。在董事会秘书不能履行职责时，由证券事务代表行使其权利并履行其职责，在此期间，并不当然免除董事会秘书对公司信息披露事务负有的责任。

第三节　控股股东和实际控制人

4.3.1　上市公司的控股股东、实际控制人应当在公司首次公开发行股票上市前，或者控制权变更完成后一个月内，签署《控股股东、实际控制人声明及承诺书》，并向本所和公司董事会报备。

控股股东、实际控制人在签署《控股股东、实际控制人声明及承诺书》时，应当由律师见证，由律师解释该文件的内容，在充分理解后签字盖章，并保证《控股股东、实际控制人声明及承诺书》中声明事项的真实、准确、完整，不存在虚假记载、误导性陈述或者重大遗漏。

声明事项发生重大变化（持股情况除外）的，控股股东、实际控制人应当在五个交易日内更新，并向本所和公司董事会报备。

4.3.2　上市公司控股股东、实际控制人应当诚实守信，依法行使股东权利，不滥用控制权损害公司或者其他股东的利益，履行以下义务：

（一）遵守并促使公司遵守国家法律、行政法规、部门规章、规范性文件、本规则和本所其他相关规定、公司章程，接受本所监管。

（二）不以任何方式违法违规占用公司资金或者要求公司违法违规提供担保。

（三）不通过非公允的关联交易、利润分配、资产重组、对外投资等任何方式损害公司和其他股东的合法权益。

（四）不利用公司未公开重大信息谋取利益，不以任何方式泄露有关公司的未公开重大信息，不从事内幕交易、短线交易、操纵市场等违法违规行为。

（五）保证公司资产完整、人员独立、财务独立、机构独立和业务独立，不以任何方式影响公司的独立性。

（六）严格履行作出的公开声明和各项承诺，不擅自变更或者解除。

（七）严格按照有关规定履行信息披露义务，并保证披露的信息真实、准确、完整，不存在虚假记载、误导性陈述或者重大遗漏；积极主动配合公司做好信息披露工作，及时告知公司已发生或者拟发生的重大事项，并如实回答本所的相关问询。

（八）本所认为应当履行的其他义务。

4.3.3　上市公司控股股东应当审慎质押所持公司股份，合理使用融入资金，维持公司控制权和生产经营稳定。

4.3.4　上市公司应当根据股权结构、董事的提名任免以及其他内部治理情况，客观、审慎地认定控制权归属。

签署一致行动协议共同控制公司的，应当在协议中明确共同控制安排及解除机制。

第四节　表决权差异安排

4.4.1　发行人首次公开发行上市前设置表决权差异安排的，应当经出席股东大会的股东所持表决权的三分之二以上通过。

发行人在首次公开发行上市前不具有表决权差异安排的，不得在首次公开发行上市后以任何方式设置此类安排。

4.4.2　除公司章程规定的表决权差异外，普通股份与特别表决权股份具有的其他股东权利应当完全相同。

4.4.3　持有特别表决权股份的股东应当为对上市公司发展作出重大贡献，并且在公司上市前及上市后持续担任公司董事的人员或者该等人员实际控制的持股主体。

持有特别表决权股份的股东在上市公司中拥有权益的股份合计应当达到公司全部已发行有表决权股份的10%以上。

4.4.4　上市公司章程应当规定每份特别表决权股份的表决权数量。每份特别表决权股份的表决权数量应当相同，且不得超过每份普通股份的表决权数量的10倍。

4.4.5　上市公司股票在本所上市后，除同比例配股、转增股本、分配股票股利情形外，不得在境内外发行特别表决权股份，不得提高特别表决权比例。

上市公司因股份回购等原因，可能导致特别表决权比例提高的，应当同时采取将相应数量特别表决权股份转换为普通股份等措施，保证特别表决权比例不高于原有水平。

本规则所称特别表决权比例，是指全部特别表决权股份的表决权数量占上市公司全部已发行股份表决权数量的比例。

4.4.6　上市公司应当保证普通表决权比例不低于 10%；单独或者合计持有公司 10% 以上已发行有表决权股份的股东有权提议召开临时股东大会；单独或者合计持有公司 3% 以上已发行有表决权股份的股东有权提出股东大会议案。

本规则所称普通表决权比例，是指全部普通股份的表决权数量占上市公司全部已发行股份表决权数量的比例。

4.4.7　特别表决权股份不得在二级市场进行交易，但可以按照本所有关规定进行转让。

4.4.8　出现下列情形之一的，特别表决权股份应当按照 1∶1 的比例转换为普通股份：

（一）持有特别表决权股份的股东不再符合本规则第 4.4.3 条规定的资格和最低持股要求，或者丧失相应履职能力、离任、死亡；

（二）实际持有特别表决权股份的股东失去对相关持股主体的实际控制；

（三）持有特别表决权股份的股东向他人转让所持有的特别表决权股份，或者将特别表决权股份的表决权委托他人行使，但转让或者委托给受该特别表决权股东实际控制的主体除外；

（四）公司的控制权发生变更。

发生前款第四项情形的，上市公司已发行的全部特别表决权股份应当转换为普通股份。

4.4.9　上市公司股东对下列事项行使表决权时，每一特别表决权股份享有的表决权数量应当与每一普通股份的表决权数量相同：

（一）修改公司章程；

（二）改变特别表决权股份享有的表决权数量；

（三）聘请或者解聘独立董事；

（四）聘请或者解聘监事；

（五）聘请或者解聘为上市公司定期报告出具审计意见的会计师事务所；

（六）公司合并、分立、解散或者变更公司形式。

上市公司章程应当规定，股东大会对前款第一项、第二项、第六项事项作出决议，应当经出席会议的股东所持表决权的三分之二以上通过。

4.4.10　上市公司具有表决权差异安排的，应当在定期报告中披露该等安排在报告期内的实施、股份变动、表决权恢复及行使情况等，特别是风险、公司治理等信息，以及该等安排下保护投资者合法权益有关措施的实施情况。

4.4.11　出现下列情形之一的，相关股东应当立即通知上市公司，公司应当及时披露：

（一）特别表决权股份转换成普通股份；

（二）股东所持有的特别表决权股份被质押、冻结、司法拍卖、托管、设定信托或者被依法限制表决权；

（三）其他重大变化或者调整。

相关公告应当包含具体情形、发生时间、转换为普通股份的特别表决权股份数量、剩余特别表决权股份数量等内容。

4.4.12　上市公司具有表决权差异安排的，监事会应当在年度报告中，就下列事项出具专项意见：

（一）持有特别表决权股份的股东是否持续符合本规则第4.4.3条的要求；

（二）特别表决权股份是否出现本规则第4.4.8条规定的情形并及时转换为普通股份；

（三）特别表决权比例是否持续符合本规则的规定；

（四）持有特别表决权股份的股东是否存在滥用特别表决权或者其他损害投资者合法权益的情形；

（五）上市公司及持有特别表决权股份的股东遵守本节其他规定的情况。

4.4.13　持续督导期内，保荐机构应当在年度跟踪报告中对第 4.4.12 条规定的事项发表意见。

保荐机构在持续督导期间应当对上市公司特别表决权事项履行持续督导义务，发现股东存在滥用特别表决权或者其他损害投资者合法权益情形时，应当及时督促相关股东改正，并向本所报告。

4.4.14　上市公司应当在股东大会通知中列明持有特别表决权股份的股东、所持特别表决权股份数量及对应的表决权数量、股东大会议案是否涉及第 4.4.9 条规定事项等情况。

4.4.15　持有特别表决权股份的股东应当按照所适用的法律法规以及公司章程行使权利，不得滥用特别表决权，不得利用特别表决权损害投资者的合法权益。

出现前款情形，损害投资者合法权益的，本所可以要求公司或者持有特别表决权股份的股东予以改正。

4.4.16　上市公司或者持有特别表决权股份的股东应当按照本所及结算公司的有关规定，办理特别表决权股份登记和转换成普通股份登记事宜。

第五章

信息披露一般规定

第一节　信息披露基本原则

5.1.1　上市公司及相关信息披露义务人应当根据法律、行政法规、部门规章、规范性文件、本规则及本所其他相关规定，及时、公平地披露所有可能对公司股票及其衍生品种交易价格或者投资决策产生较大影响的信息或事项（以下简称“重大信息”、“重大事件”或者“重大事项”），并保证所披露的信息真实、准确、完整，简明清晰，通俗易懂，不得有虚假记载、误导性陈述或者重大遗漏。

5.1.2　上市公司董事、监事和高级管理人员应当保证公司所披露的信息真实、准确、完整、及时、公平，不能保证披露的信息内容真实、准确、完整的，应当在公告中作出相应声明并说明理由。

5.1.3　本规则所称真实，是指上市公司及相关信息披露义务人披露的信息应当以客观事实或者具有事实基础的判断和意见为依据，如实反映客观情况，不得有虚假记载和不实陈述。

5.1.4 本规则所称准确，是指上市公司及相关信息披露义务人披露的信息应当使用明确、贴切的语言和简明扼要、通俗易懂的文字，内容应易于理解，不得含有任何宣传、广告、恭维或者夸大等性质的词句，不得有误导性陈述。

公司披露预测性信息及其他涉及公司未来经营和财务状况等信息时，应当合理、谨慎、客观，并充分披露相关信息所涉及的风险因素，以明确的警示性文字提示投资者可能出现的风险和不确定性。

5.1.5 本规则所称完整，是指上市公司及相关信息披露义务人披露的信息应当内容完整、文件齐备，格式符合规定要求，不得有重大遗漏。

5.1.6 本规则所称及时，是指上市公司及相关信息披露义务人应当在本规则规定的期限内披露重大信息。

5.1.7 本规则所称公平，是指上市公司及相关信息披露义务人应当同时向所有投资者公开披露重大信息，确保所有投资者可以平等地获取同一信息，不得实行差别对待政策，不得提前向特定对象单独披露、透露或者泄露未公开重大信息。

第二节 信息披露一般要求

5.2.1 上市公司披露的信息包括定期报告和临时报告。

公司及相关信息披露义务人应当通过本所上市公司网上业务专区和本所认可的其他方式，将公告文稿和相关备查文件及时报送本所，报送文件应当符合本所要求。

公司及相关信息披露义务人报送的公告文稿和相关备查文

件应当采用中文文本，同时采用外文文本的，信息披露义务人应当保证两种文本的内容一致。两种文本发生歧义时，以中文文本为准。

5.2.2 上市公司公告文件应当通过符合条件媒体对外披露。上市公司公告（监事会公告除外）应当加盖董事会公章并向本所报备。

公司未能按照既定时间披露，或者在符合条件媒体披露的文件内容与报送本所登记的文件内容不一致的，应当立即向本所报告并披露。

5.2.3 上市公司信息披露采用直通披露（事后审查）和非直通披露（事前审查）两种方式。

信息披露原则上采用直通披露方式，本所可以根据公司信息披露质量、规范运作情况等，调整直通披露公司范围。

直通披露的公告范围由本所确定，本所可以根据业务需要进行调整。

5.2.4 上市公司披露的信息应当前后一致，财务信息应当具有合理的勾稽关系，非财务信息应当能相互印证，不存在矛盾。如披露的信息与已披露的信息存在重大差异的，应当充分披露原因并作出合理解释。

5.2.5 上市公司的公告文稿应当重点突出、逻辑清晰，避免使用大量专业术语、过于晦涩的表达方式和外文及其缩写，避免模糊、空洞、模板化和冗余重复的信息。

5.2.6 除依法需要披露的信息之外，上市公司及相关信息披露义务人可以自愿披露与投资者作出价值判断和投资决策有关的信息。

公司及相关信息披露义务人进行自愿性信息披露的，应当遵守公平信息披露原则，保持信息披露的完整性、持续性和一致性，避免选择性信息披露，不得与依法披露的信息相冲突，不得误导投资者。已披露的信息发生重大变化，有可能影响投资决策的，应当及时披露进展公告，直至该事项完全结束。

公司及相关信息披露义务人按照前款规定披露信息的，在发生类似事件时，应当按照同一标准予以披露。

5.2.7 上市公司应当在涉及的重大事项最先触及下列任一时点后及时履行披露义务：

（一）董事会、监事会作出决议时；

（二）签署意向书或者协议（无论是否附加条件或者期限）时；

（三）公司（含任一董事、监事或者高级管理人员）知悉或者理应知悉重大事项发生时；

（四）筹划阶段事项难以保密、发生泄露、引起公司股票及其衍生品种交易异常波动时。

5.2.8 上市公司筹划重大事项，持续时间较长的，应当分阶段披露进展情况，及时提示相关风险，不得仅以相关事项结果不确定为由不予披露。

已披露的事项发生重大变化，可能对公司股票及其衍生品种交易价格或者投资决策产生较大影响的，公司应当及时披露进展公告。

5.2.9 上市公司及相关信息披露义务人拟披露的信息属于国家秘密、商业秘密等情形，按照本规则披露或者履行相关义务可能导致其违反境内外法律法规、引致不当竞争、损害公司及投资者利益或者误导投资者的，可以按照本所相关规定豁免披露。

上市公司拟披露的信息存在不确定性、属于临时性商业秘密等情形，及时披露可能会损害公司利益或者误导投资者，且有关内幕信息知情人已书面承诺保密的，公司可以按照本所相关规定暂缓披露。

上市公司及相关信息披露义务人应当审慎确定信息披露暂缓、豁免事项，不得随意扩大暂缓、豁免事项的范围。

暂缓披露的信息确实难以保密、已经泄露或者出现市场传闻，导致公司股票及其衍生品种交易价格发生大幅波动的，公司应当立即披露相关事项筹划和进展情况。

5.2.10　上市公司及相关信息披露义务人不得以新闻发布或者答记者问等其他形式代替信息披露或者泄露未公开重大信息。

上市公司及相关信息披露义务人确有需要的，可以在非交易时段通过新闻发布会、媒体专访、公司网站、网络自媒体等方式对外发布应披露的信息，但公司应当于下一交易时段开始前披露相关公告。

5.2.11　上市公司及相关信息披露义务人通过业绩说明会、分析师会议、路演、接受投资者调研等形式，与特定对象沟通时，不得提供公司未公开重大信息。

上市公司向股东、实际控制人及其他第三方报送文件，涉及未公开重大信息的，应当依照本规则披露。

5.2.12　上市公司及相关信息披露义务人适用本所相关信息披露要求，可能导致其难以反映经营活动的实际情况、难以符合行业监管要求或者公司注册地有关规定的，可以向本所申请调整适用，但应当说明原因和替代方案。

本所认为不应当调整适用的，上市公司及相关信息披露义务人应当执行本所相关规定。

5.2.13　上市公司控股子公司发生本规则规定的重大事项，视同上市公司发生的重大事项，适用本规则的规定。

上市公司参股公司发生本规则规定的重大事项，原则上按照上市公司在该参股公司的持股比例计算相关数据适用本规则的规定；上市公司参股公司发生的重大事项虽未达到本规则规定的标准但可能对上市公司股票及其衍生品种交易价格或者投资决策产生重大影响的，应当参照本规则的规定履行信息披露义务。

5.2.14　上市公司可以根据本规则及本所其他相关规定向本所申请其股票及其衍生品种停牌和复牌。

本所可以根据本规则及本所其他相关规定决定对公司股票及其衍生品种实施停牌或者复牌。

公司应当维护证券交易的连续性，谨慎申请停牌，不得以停牌代替公司及有关各方在筹划重大事项过程中的信息保密义务，不得滥用停牌或者复牌损害投资者的合法权益。

证券市场交易出现极端异常情况的，本所可以根据中国证监会的决定或者市场实际情况，暂停办理上市公司停牌申请，维护市场交易的连续性和流动性，维护投资者正当的交易权利。

5.2.15　上市公司出现下列情形的，本所可以视情况决定公司股票及其衍生品种的停牌和复牌：

（一）严重违反法律法规、本规则及本所其他相关规定，且在规定期限内拒不按要求改正；

（二）信息披露存在重大遗漏或者误导性陈述，且拒不按照要求就有关内容进行更正、解释或者补充；

（三）公司运作和信息披露方面涉嫌违反法律法规、本规则或者本所其他相关规定，情节严重而被有关部门调查；

（四）无法保证与本所的有效联系，或者拒不履行信息披露义务；

（五）其他本所认为应当停牌或者复牌的情形。

5.2.16　上市公司收购人履行要约收购义务，要约收购期限届满至要约收购结果公告前，公司股票及其衍生品种应当停牌。

根据收购结果，被收购上市公司股权分布仍符合上市条件的，公司股票及其衍生品种应当于要约收购结果公告日复牌。公告日为非交易日的，自次一交易日起复牌。

根据收购结果，被收购上市公司股权分布不再符合上市条件，且收购人以终止公司上市地位为收购目的的，公司股票及其衍生品种应当于要约收购结果公告日继续停牌，并依照本规则第十章第八节有关规定执行；收购人不以终止公司上市地位为收购目的的，公司股票及其衍生品种应当于要约收购结果公告日继续停牌，并参照本规则第10.4.1条第五项情形相应的程序执行。

第三节　信息披露管理制度及监管

5.3.1　上市公司应当制定并严格执行信息披露事务管理制度。信息披露事务管理制度应当经董事会审议并披露。

5.3.2　上市公司应当制定董事、监事、高级管理人员以及其他相关人员对外发布信息的内部规范制度，明确发布程序、方式和未经董事会许可不得对外发布的情形等事项。

5.3.3　上市公司应当建立健全内幕信息知情人登记管理制度，加强未公开重大信息内部流转过程中的保密工作，尽量缩小知情人员范围，防止泄露未公开重大信息。

内幕信息知情人在重大信息公开前，不得买卖公司股票、泄露内幕信息或者建议他人买卖公司股票。

5.3.4　上市公司股东、实际控制人、收购人等相关信息披露义务人，应当按照有关规定履行信息披露义务，及时告知公司已发生或者拟发生的重大事项，主动配合公司做好信息披露工作。

5.3.5　上市公司及相关信息披露义务人应当密切关注媒体关于公司的报道，以及公司股票及其衍生品种的交易情况，及时向有关方面了解真实情况。

5.3.6　本所根据有关法律、行政法规、部门规章、规范性文件、本规则以及本所其他相关规定，对上市公司及相关信息披露义务人披露的信息进行形式审查，对其内容的真实性不承担责任。

本所经审查认为信息披露文件存在问题的，可以提出问询。公司及相关信息披露义务人应当在规定期限内如实回复本所问询，并按照本规则的规定和本所要求及时、真实、准确、完整地就相关情况作出公告，不得以有关事项存在不确定性或者需要保密等为由不履行报告、公告和回复本所问询的义务；未在规定期限内回复或披露有关公告的，或者本所认为必要的，本所可以采取交易所公告等形式向市场说明有关情况。

5.3.7　保荐机构及其保荐代表人、证券服务机构及其相关人员应当及时制作工作底稿，完整保存发行人、上市公司及相关信息披露义务人的证券业务活动记录及相关资料。

5.3.8　本所可以根据监管需要调阅、检查工作底稿、证券业务活动记录及相关资料，相关主体应当积极配合。

第六章

定期报告

第一节　一般规定

6.1.1　上市公司应当披露的定期报告包括年度报告、半年度报告和季度报告。

公司应当按照中国证监会及本所有关规定编制并披露定期报告。

6.1.2　上市公司应当在每个会计年度结束之日起四个月内披露年度报告，在每个会计年度的上半年结束之日起两个月内披露半年度报告，在每个会计年度的前三个月、前九个月结束后的一个月内披露季度报告。

公司第一季度报告的披露时间不得早于上一年度的年度报告披露时间。

公司预计不能在规定期限内披露定期报告的，应当及时向本所报告，并公告不能按期披露的原因、解决方案及延期披露的最后期限。

6.1.3 上市公司应当与本所约定定期报告的披露时间，本所根据均衡披露原则统筹安排各公司定期报告披露顺序。

公司应当按照本所安排的时间办理定期报告披露事宜。因故需变更披露时间的，应当提前五个交易日向本所提出书面申请，陈述变更理由，并明确变更后的披露时间，本所视情形决定是否予以调整。本所原则上只接受一次变更申请。

6.1.4 上市公司董事会应当确保公司定期报告按时披露，因故无法形成有关定期报告的董事会决议的，应当以董事会公告的方式对外披露相关事项，说明无法形成董事会决议的具体原因和存在的风险，并披露独立董事意见。

公司不得披露未经董事会审议通过的定期报告。

6.1.5 上市公司董事、监事、高级管理人员应当依法对公司定期报告签署书面确认意见；公司监事会应当依法对董事会编制的公司定期报告进行审核并提出书面审核意见，说明董事会对定期报告的编制和审核程序是否符合法律法规、中国证监会和本所的规定，报告的内容是否真实、准确、完整地反映公司的实际情况。

董事、监事、高级管理人员无法保证定期报告内容的真实性、准确性、完整性或者有异议的，应当在书面意见中发表意见并陈述理由，上市公司应当披露。上市公司不予披露的，董事、监事、高级管理人员可以直接申请披露。

6.1.6 上市公司的董事、监事和高级管理人员，不得以任何理由拒绝对公司定期报告签署书面意见，影响定期报告的按时披露。

6.1.7 上市公司聘请的为其提供财务会计报告审计、净资产验证及其他相关服务的会计师事务所应当符合《证券法》的规定。

公司聘请或者解聘会计师事务所必须由股东大会决定，董事会不得在股东大会决定前委任会计师事务所。

公司解聘或者不再续聘会计师事务所时，应当事先通知会计师事务所。公司股东大会就解聘会计师事务所进行表决时，会计师事务所可以陈述意见。会计师事务所提出辞聘的，应当向股东大会说明公司有无不当情形。

6.1.8 上市公司年度报告中的财务会计报告必须经审计。

公司半年度报告中的财务会计报告可以不经审计，但有下列情形之一的，公司应当聘请会计师事务所进行审计：

（一）拟依据半年度报告进行利润分配（仅进行现金分红的除外）、公积金转增股本或者弥补亏损的；

（二）中国证监会或者本所认为应当进行审计的其他情形。

公司季度报告中的财务资料无须审计，但中国证监会或者本所另有规定的除外。

6.1.9 上市公司的财务会计报告被注册会计师出具非标准审计意见的，公司应当按照中国证监会《公开发行证券的公司信息披露编报规则第14号——非标准审计意见及其涉及事项的处理》(以下简称“第14号编报规则”）的规定，在报送定期报告的同时向本所提交下列文件：

（一）董事会针对该审计意见涉及事项所出具的符合第14号编报规则要求的专项说明，审议此专项说明的董事会决议以及决议所依据的材料；

（二）独立董事对审计意见涉及事项的意见；

（三）监事会对董事会有关说明的意见和相关的决议；

（四）负责审计的会计师事务所及注册会计师出具的符合第14号编报规则要求的专项说明；

（五）中国证监会和本所要求的其他文件。

6.1.10 上市公司出现本规则第6.1.9条所述非标准审计意见涉及事项如属于明显违反企业会计准则及相关信息披露规

定的，公司应当对有关事项进行纠正，并及时披露纠正后的财务会计资料和会计师出具的审计报告或专项鉴证报告等有关资料。

公司未及时披露、采取措施消除相关事项及其影响的，本所可以对其采取监管措施或纪律处分，或者报中国证监会调查处理。

6.1.11 上市公司最近一个会计年度的财务会计报告被注册会计师出具否定或者无法表示意见的审计报告，应当于其后披露的首个半年度报告和三季度报告中说明导致否定或者无法表示意见的情形是否已经消除。

6.1.12 上市公司因前期已公开披露的财务会计报告存在差错或者虚假记载被责令改正，或者经董事会决定改正的，应当在被责令改正或者董事会作出相应决定时，及时予以披露，并按照中国证监会《公开发行证券的公司信息披露编报规则第 19 号——财务信息的更正及相关披露》等有关规定的要求更正及披露。

6.1.13 上市公司未在规定期限内披露季度报告的，公司股票及其衍生品种应当于规定期限届满的次一交易日停牌一天。

公司未披露季度报告的同时存在未披露年度报告或者半年度报告情形的，公司股票及其衍生品种应当按照本规则第十章有关规定停牌与复牌。

第二节 业绩预告和业绩快报

6.2.1 上市公司应当严格按照本所相关业务规则合理、谨慎、客观、准确地披露业绩预告、业绩快报及修正公告，不得使用夸大、模糊或者误导性陈述，不得利用该等信息不当影响公司股票及其衍生品种的交易价格。

6.2.2 上市公司预计年度经营业绩或者财务状况将出现下列情形之一的，应当在会计年度结束之日起一个月内进行预告（以下简称“业绩预告”）：

（一）净利润为负；

（二）净利润与上年同期相比上升或者下降50%以上；

（三）实现扭亏为盈；

（四）期末净资产为负。

6.2.3 上市公司因本规则第10.3.1条第一款规定的情形，其股票被实施退市风险警示的，应当于会计年度结束之日起一个月内预告全年营业收入、净利润、扣除非经常性损益后的净利润和净资产。

6.2.4 本所鼓励上市公司在定期报告公告前披露业绩快报。

上市公司在定期报告披露前向国家有关机关报送未公开的定期财务数据，预计无法保密的，应当及时披露业绩快报。

上市公司在定期报告披露前出现业绩泄露，或者因业绩传闻导致公司股票及其衍生品种交易异常波动的，应当及时披露业绩快报。

6.2.5 上市公司董事会预计实际业绩或者财务状况与已披露的业绩预告或业绩快报差异较大的，应当及时披露修正公告。

第七章

应披露的交易与关联交易

第一节　重大交易

7.1.1　本章所称“交易”，包括下列类型的事项：

（一）购买或者出售资产；

（二）对外投资（含委托理财、对子公司投资等，设立或者增资全资子公司除外）；

（三）提供财务资助（含委托贷款）；

（四）提供担保（指上市公司为他人提供的担保，含对控股子公司的担保）；

（五）租入或者租出资产；

（六）签订管理方面的合同（含委托经营、受托经营等）；

（七）赠与或者受赠资产；

（八）债权或者债务重组；

（九）研究与开发项目的转移；

（十）签订许可协议；

（十一）放弃权利（含放弃优先购买权、优先认缴出资权利等）；

（十二）本所认定的其他交易。

上市公司下列活动不属于前款规定的事项：

（一）购买与日常经营相关的原材料、燃料和动力（不含资产置换中涉及购买、出售此类资产）；

（二）出售产品、商品等与日常经营相关的资产（不含资产置换中涉及购买、出售此类资产）；

（三）虽进行前款规定的交易事项但属于公司的主营业务活动。

7.1.2 上市公司发生的交易（提供担保、提供财务资助除外）达到下列标准之一的，应当及时披露：

（一）交易涉及的资产总额占上市公司最近一期经审计总资产的10%以上，该交易涉及的资产总额同时存在账面值和评估值的，以较高者作为计算依据；

（二）交易标的（如股权）在最近一个会计年度相关的营业收入占上市公司最近一个会计年度经审计营业收入的10%以上，且绝对金额超过1000万元；

（三）交易标的（如股权）在最近一个会计年度相关的净利润占上市公司最近一个会计年度经审计净利润的10%以上，且绝对金额超过100万元；

（四）交易的成交金额（含承担债务和费用）占上市公司最近一期经审计净资产的10%以上，且绝对金额超过1000万元；

（五）交易产生的利润占上市公司最近一个会计年度经审计净利润的10%以上，且绝对金额超过100万元。

上述指标计算中涉及的数据如为负值，取其绝对值计算。

7.1.3 上市公司发生的交易（提供担保、提供财务资助除外）达到下列标准之一的，应当提交股东大会审议：

（一）交易涉及的资产总额占上市公司最近一期经审计总资产的50%以上，该交易涉及的资产总额同时存在账面值和评估值的，以较高者作为计算依据；

（二）交易标的（如股权）在最近一个会计年度相关的营业收入占上市公司最近一个会计年度经审计营业收入的50%以上，且绝对金额超过5000万元；

（三）交易标的（如股权）在最近一个会计年度相关的净利润占上市公司最近一个会计年度经审计净利润的50%以上，且绝对金额超过500万元；

（四）交易的成交金额（含承担债务和费用）占上市公司最近一期经审计净资产的50%以上，且绝对金额超过5000万元；

（五）交易产生的利润占上市公司最近一个会计年度经审计净利润的50%以上，且绝对金额超过500万元。

上述指标计算中涉及的数据如为负值，取其绝对值计算。

7.1.4 除提供担保、委托理财等本规则及本所其他业务规则另有规定事项外，上市公司进行第7.1.1条规定的同一类别且标的相关的交易时，应当按照连续十二个月累计计算的原则，适用第7.1.2条和第7.1.3条的规定。

已按照第7.1.2条或者第7.1.3条履行义务的，不再纳入相关的累计计算范围。

7.1.5 上市公司与同一交易方同时发生本规则第7.1.1条第一款第二项至第四项以外各项中方向相反的两个交易时，应当按照其中单个方向的交易涉及指标中较高者作为计算标准，适用第7.1.2条和第7.1.3条的规定。

7.1.6 上市公司连续十二个月滚动发生委托理财的，以该期间最高余额为交易金额，适用第7.1.2条和第7.1.3条的规定。

7.1.7 上市公司对外投资设立有限责任公司、股份有限公司或者其他组织，应当以协议约定的全部出资额为标准，适用第7.1.2条和第7.1.3条的规定。

7.1.8 交易标的为股权，且购买或者出售该股权将导致上市公司合并报表范围发生变更的，应当以该股权对应公司的全部资产和营业收入作为计算标准，适用第7.1.2条和第7.1.3条的规定。

前述股权交易未导致合并报表范围发生变更的，应当按照公司所持权益变动比例计算相关财务指标，适用第7.1.2条和第7.1.3条的规定。

7.1.9 上市公司直接或者间接放弃控股子公司股权的优先购买或认缴出资等权利，导致合并报表范围发生变更的，应当以该控股子公司的相关财务指标作为计算标准，适用第7.1.2条和第7.1.3条的规定。

上市公司放弃或部分放弃控股子公司或者参股公司股权的优先购买或认缴出资等权利，未导致合并报表范围发生变更，但持有该公司股权比例下降的，应当以所持权益变动比例计算的相关财务指标与实际受让或出资金额的较高者作为计算标准，适用第7.1.2条和第7.1.3条的规定。

上市公司对其下属非公司制主体、合作项目等放弃或部分放弃优先购买或认缴出资等权利的，参照适用前两款规定。

7.1.10 交易标的为公司股权且达到本规则第7.1.3条规定标准的，上市公司应当披露交易标的最近一年又一期的审计报告，审计截止日距审议该交易事项的股东大会召开日不得超过六个月；交易标的为股权以外的非现金资产的，应当提供评估报告，评估基准日距审议该交易事项的股东大会召开日不得超过一年。

前款规定的审计报告和评估报告应当由符合《证券法》规定的证券服务机构出具。

交易虽未达到第 7.1.3 条规定的标准，但本所认为有必要的，公司应当按照前款规定，披露审计或者评估报告。

7.1.11　上市公司购买、出售资产交易，应当以资产总额和成交金额中的较高者作为计算标准，按交易类型连续十二个月内累计金额达到最近一期经审计总资产 30% 的，除应当披露并参照第 7.1.10 条进行审计或者评估外，还应当提交股东大会审议，经出席会议的股东所持表决权的三分之二以上通过。

已按照前款规定履行相关义务的，不再纳入相关的累计计算范围。

7.1.12　上市公司单方面获得利益的交易，包括受赠现金资产、获得债务减免等，可免于按照第 7.1.3 条的规定履行股东大会审议程序。

上市公司发生的交易仅达到第 7.1.3 条第三项或者第五项标准，且公司最近一个会计年度每股收益的绝对值低于 0.05 元的，可免于按照第 7.1.3 条的规定履行股东大会审议程序。

7.1.13　上市公司提供财务资助，应当经出席董事会会议的三分之二以上董事同意并作出决议，及时履行信息披露义务。

财务资助事项属于下列情形之一的，应当在董事会审议通过后提交股东大会审议：

（一）被资助对象最近一期经审计的资产负债率超过 70%；

（二）单次财务资助金额或者连续十二个月内提供财务资助累计发生金额超过公司最近一期经审计净资产的 10%；

（三）本所或者公司章程规定的其他情形。

上市公司以对外提供借款、贷款等融资业务为其主营业务，或者资助对象为公司合并报表范围内且持股比例超过 50% 的控股子公司，免于适用前两款规定。

7.1.14　上市公司提供担保的，应当经董事会审议后及时对外披露。

担保事项属于下列情形之一的，应当在董事会审议通过后提交股东大会审议：

（一）单笔担保额超过公司最近一期经审计净资产10%的担保；

（二）公司及其控股子公司的提供担保总额，超过公司最近一期经审计净资产50%以后提供的任何担保；

（三）为资产负债率超过70%的担保对象提供的担保；

（四）连续十二个月内担保金额超过公司最近一期经审计净资产的50%且绝对金额超过5000万元；

（五）连续十二个月内担保金额超过公司最近一期经审计总资产的30%；

（六）对股东、实际控制人及其关联人提供的担保；

（七）本所或者公司章程规定的其他担保情形。

董事会审议担保事项时，必须经出席董事会会议的三分之二以上董事审议同意。股东大会审议前款第五项担保事项时，必须经出席会议的股东所持表决权的三分之二以上通过。

股东大会在审议为股东、实际控制人及其关联人提供的担保议案时，该股东或者受该实际控制人支配的股东，不得参与该项表决，该项表决由出席股东大会的其他股东所持表决权的半数以上通过。

7.1.15　上市公司为全资子公司提供担保，或者为控股子公司提供担保且控股子公司其他股东按所享有的权益提供同等比例担保，属于第7.1.14条第二款第一项至第四项情形的，可以豁免提交股东大会审议，但是公司章程另有规定除外。

7.1.16　对于已披露的担保事项，上市公司应当在出现下列情形之一时及时披露：

（一）被担保人于债务到期后十五个交易日内未履行还款

义务；

（二）被担保人出现破产、清算或者其他严重影响还款能力情形。

7.1.17 上市公司与其合并范围内的控股子公司发生的或者上述控股子公司之间发生的交易，除中国证监会或者本章另有规定外，可以豁免按照本节规定披露和履行相应程序。

第二节 关联交易

7.2.1 上市公司的关联交易，是指上市公司或者其控股子公司与上市公司关联人之间发生的转移资源或者义务的事项，包括：

（一）本规则第 7.1.1 条第一款规定的交易事项；

（二）购买原材料、燃料、动力；

（三）销售产品、商品；

（四）提供或者接受劳务；

（五）委托或者受托销售；

（六）关联双方共同投资；

（七）其他通过约定可能造成资源或者义务转移的事项。

7.2.2 上市公司的关联人包括关联法人和关联自然人。

7.2.3 具有下列情形之一的法人或者其他组织，为上市公司的关联法人：

（一）直接或者间接控制上市公司的法人或者其他组织；

（二）由前项所述法人直接或者间接控制的除上市公司及其控股子公司以外的法人或者其他组织；

（三）由本规则第 7.2.5 条所列上市公司的关联自然人直接或者间接控制的，或者担任董事（独立董事除外）、高级管理人员的，除上市公司及其控股子公司以外的法人或者其他组织；

（四）持有上市公司5%以上股份的法人或者一致行动人；

（五）中国证监会、本所或者上市公司根据实质重于形式的原则认定的其他与上市公司有特殊关系，可能造成上市公司对其利益倾斜的法人或者其他组织。

7.2.4 上市公司与本规则第7.2.3条第二项所列法人受同一国有资产管理机构控制而形成第7.2.3条第二项所述情形的，不因此构成关联关系，但该法人的董事长、经理或者半数以上的董事属于本规则第7.2.5条第二项所列情形者除外。

7.2.5 具有下列情形之一的自然人，为上市公司的关联自然人：

（一）直接或者间接持有上市公司5%以上股份的自然人；

（二）上市公司董事、监事及高级管理人员；

（三）直接或者间接控制上市公司的法人或者其他组织的董事、监事及高级管理人员；

（四）本条第一项至第三项所述人士的关系密切的家庭成员，包括配偶、父母、配偶的父母、兄弟姐妹及其配偶、年满十八周岁的子女及其配偶、配偶的兄弟姐妹和子女配偶的父母；

（五）中国证监会、本所或者上市公司根据实质重于形式的原则认定的其他与上市公司有特殊关系，可能造成上市公司对其利益倾斜的自然人。

7.2.6 具有下列情形之一的法人或者自然人，视同为上市公司的关联人：

（一）因与上市公司或者其关联人签署协议或者作出安排，在协议或者安排生效后，或者在未来十二个月内，具有本规则第7.2.3条或者第7.2.5条规定情形之一的；

（二）过去十二个月内，曾经具有第7.2.3条或者第7.2.5条规定情形之一的。

7.2.7 上市公司与关联人发生的交易（提供担保、提供财务资助除外）达到下列标准之一的，应当及时披露：

（一）与关联自然人发生的成交金额超过30万元的交易；

（二）与关联法人发生的成交金额超过300万元，且占公司最近一期经审计净资产绝对值0.5%以上的交易。

7.2.8 上市公司与关联人发生的交易（提供担保除外）金额超过3000万元，且占公司最近一期经审计净资产绝对值5%以上的，应当提交股东大会审议，并参照本规则第7.1.10条的规定披露评估或者审计报告。

与日常经营相关的关联交易可免于审计或者评估。

关联交易虽未达到本条第一款规定的标准，但本所认为有必要的，公司应当按照第一款规定，披露审计或者评估报告。

7.2.9 上市公司董事会审议关联交易事项时，关联董事应当回避表决，也不得代理其他董事行使表决权。该董事会会议由过半数的非关联董事出席即可举行，董事会会议所做决议须经非关联董事过半数通过。出席董事会的非关联董事人数不足三人的，公司应当将该交易提交股东大会审议。

前款所称关联董事包括下列董事或者具有下列情形之一的董事：

（一）交易对方；

（二）在交易对方任职，或者在能直接或者间接控制该交易对方的法人或者其他组织、该交易对方直接或者间接控制的法人或者其他组织任职；

（三）拥有交易对方的直接或者间接控制权的；

（四）交易对方或者其直接或者间接控制人的关系密切的家庭成员（具体范围参见本规则第7.2.5条第四项的规定）；

（五）交易对方或者其直接或者间接控制人的董事、监事和高级管理人员的关系密切的家庭成员（具体范围参见本规则第7.2.5条第四项的规定）；

（六）中国证监会、本所或者上市公司认定的因其他原因使其独立的商业判断可能受到影响的人士。

7.2.10　上市公司股东大会审议关联交易事项时，关联股东应当回避表决，并且不得代理其他股东行使表决权。

前款所称关联股东包括下列股东或者具有下列情形之一的股东：

（一）交易对方；

（二）拥有交易对方直接或者间接控制权的；

（三）被交易对方直接或者间接控制的；

（四）与交易对方受同一法人或者自然人直接或者间接控制的；

（五）交易对方或者其直接或者间接控制人的关系密切的家庭成员（具体范围参见本规则第7.2.5条第四项的规定）；

（六）在交易对方任职，或者在能直接或者间接控制该交易对方的法人单位或者该交易对方直接或者间接控制的法人单位任职的（适用于股东为自然人的情形）；

（七）因与交易对方或者其关联人存在尚未履行完毕的股权转让协议或者其他协议而使其表决权受到限制或者影响的；

（八）中国证监会或者本所认定的可能造成上市公司对其利益倾斜的法人或者自然人。

7.2.11　上市公司在连续十二个月内发生的以下关联交易，应当按照累计计算原则适用第7.2.7条和第7.2.8条的规定：

（一）与同一关联人进行的交易；

（二）与不同关联人进行的与同一交易标的相关的交易。

上述同一关联人包括与该关联人受同一主体控制或者相互存在股权控制关系的其他关联人。

已按照第7.2.7条或者第7.2.8条的规定履行相关义务的，不再纳入相关的累计计算范围。

7.2.12　上市公司不得为董事、监事、高级管理人员、控股股东、实际控制人及其控股子公司等关联人提供资金等财务资助。上市公司应当审慎向关联方提供财务资助或者委托理财。

上市公司向关联方委托理财的，应当以发生额作为披露的计算标准，按交易类型连续十二个月内累计计算，适用第 7.2.7 条和第 7.2.8 条的规定。

已按照第 7.2.7 条或者第 7.2.8 条的规定履行相关义务的，不再纳入相关的累计计算范围。

7.2.13　上市公司为关联人提供担保的，应当在董事会审议通过后及时披露，并提交股东大会审议。

上市公司为控股股东、实际控制人及其关联方提供担保的，控股股东、实际控制人及其关联方应当提供反担保。

7.2.14　上市公司拟进行须提交股东大会审议的关联交易，应当在提交董事会审议前，取得独立董事事前认可意见。

独立董事事前认可意见应当取得全体独立董事半数以上同意，并在关联交易公告中披露。

7.2.15　上市公司与关联人进行日常关联交易时，按照下列规定披露和履行审议程序：

（一）上市公司可以按类别合理预计日常关联交易年度金额，履行审议程序并披露；实际执行超出预计金额，应当根据超出金额重新履行相关审议程序和披露义务；

（二）上市公司年度报告和半年度报告应当分类汇总披露日常关联交易；

（三）上市公司与关联人签订的日常关联交易协议期限超过三年的，应当每三年重新履行相关审议程序和披露义务。

7.2.16　日常关联交易协议至少应当包括交易价格、定价原则和依据、交易总量或者其确定方法、付款方式等主要条款。

7.2.17　上市公司与关联人发生的下列交易，可以豁免按照第7.2.8条的规定提交股东大会审议：

（一）上市公司参与面向不特定对象的公开招标、公开拍卖的（不含邀标等受限方式）；

（二）上市公司单方面获得利益的交易，包括受赠现金资产、获得债务减免、接受担保和资助等；

（三）关联交易定价为国家规定的；

（四）关联人向上市公司提供资金，利率不高于中国人民银行规定的同期贷款利率标准；

（五）上市公司按与非关联人同等交易条件，向董事、监事、高级管理人员提供产品和服务的。

7.2.18　上市公司与关联人发生的下列交易，可以免予按照关联交易的方式履行相关义务：

（一）一方以现金方式认购另一方公开发行的股票、公司债券或者企业债券、可转换公司债券或者其他衍生品种；

（二）一方作为承销团成员承销另一方公开发行的股票、公司债券或者企业债券、可转换公司债券或者其他衍生品种；

（三）一方依据另一方股东大会决议领取股息、红利或者薪酬；

（四）本所认定的其他交易。

7.2.19　上市公司董事、监事、高级管理人员、持股5%以上的股东及其一致行动人、实际控制人，应当将与其存在关联关系的关联人情况及时告知上市公司。

7.2.20　上市公司计算披露或者审议关联交易的相关金额，本节没有规定的，适用本章第一节的规定。

第八章

其他重大事项

第一节　股票交易异常波动和澄清

8.1.1　股票交易被中国证监会或者本所根据有关规定、业务规则认定为异常波动的，上市公司应当于次一交易日披露股票交易异常波动公告。

股票交易异常波动的计算从公告之日起重新起算。

8.1.2　上市公司股票交易出现本所业务规则规定的严重异常波动的，应当于次一交易日披露核查公告；无法披露的，应当申请其股票自次一交易日起停牌核查。核查发现存在未披露重大事项的，公司应当召开投资者说明会。公司股票应当自披露核查结果公告、投资者说明会公告（如有）之日起复牌。披露日为非交易日的，自次一交易日起复牌。

上市公司股票交易出现严重异常波动，经公司核查后无应披露未披露重大事项，也无法对异常波动原因作出合理解释的，本所可以向市场公告，提示股票交易风险，并视情况实施特别停牌。

8.1.3 上市公司股票出现严重异常波动情形的，公司或相关信息披露义务人应当核查下列事项：

（一）是否存在导致股票交易严重异常波动的未披露事项；

（二）股价是否严重偏离同行业上市公司合理估值；

（三）是否存在重大风险事项；

（四）其他可能导致股票交易严重异常波动的事项。

上市公司应当在核查公告中充分提示公司股价严重异常波动的交易风险。

保荐机构和保荐代表人应当督促上市公司按照本节规定及时进行核查，履行相应信息披露义务。

8.1.4 本所可以根据异常波动程度和监管需要，采取下列措施：

（一）要求上市公司披露股票交易异常波动公告；

（二）要求上市公司停牌核查并披露核查公告；

（三）向市场提示异常波动股票投资风险；

（四）本所认为必要的其他措施。

8.1.5 媒体传闻可能或者已经对上市公司股票及其衍生品种交易价格或者投资决策产生较大影响的，公司应当及时核实，并披露或者澄清。

本所认为相关传闻可能对公司股票及其衍生品种交易价格或者投资决策产生较大影响的，可以要求公司予以核实、澄清。公司应当在本所要求的期限内核实，并及时披露或者澄清。

第二节　行业信息及风险事项

8.2.1　上市公司应当在年度报告、半年度报告中披露对公司股票及其衍生品种交易价格或者投资决策有重大影响的行业信息，包括但不限于：

（一）报告期内公司所属行业的基本特点、发展状况、技术趋势以及公司所处的行业地位等；

（二）行业主管部门在报告期内发布的重要政策及对公司的影响；

（三）结合主要业务的行业关键指标、市场变化情况、市场份额变化情况等因素，分析公司的主要行业优势和劣势，并说明相关变化对公司未来经营业绩和盈利能力的影响。

8.2.2　上市公司年度净利润或营业收入与上年同期相比下降 50% 以上，或者净利润为负值的，应当在年度报告中披露下列信息，并说明公司改善盈利能力的各项措施：

（一）业绩大幅下滑或者亏损的具体原因；

（二）主营业务、核心竞争力、主要财务指标是否发生重大不利变化，是否与行业趋势一致；

（三）所处行业景气情况，是否存在产能过剩、持续衰退或者技术替代等情形；

（四）持续经营能力是否存在重大风险；

（五）对公司具有重大影响的其他信息。

8.2.3　上市公司应当在年度报告中，遵循关联性和重要性原则，披露下列可能对公司产生重大不利影响的风险因素：

（一）核心竞争力风险，包括技术更迭、产品更新换代或竞争加剧导致市场占有率和用户规模下降，研发投入超出预期或进程未达预期，核心技术、关键设备、经营模式等可能被替代或者被淘汰，核心技术人员发生较大变动等；

（二）经营风险，包括单一客户依赖、原材料价格上涨、产品或服务价格下降等；

（三）债务及流动性风险，包括资产负债率上升、流动比率下降、财务费用增加、债务违约、债权人提前收回借款或提高借款条件等；

（四）行业风险，包括行业出现周期性衰退、产能过剩、市场容量下滑或者增长停滞、行业上下游供求关系发生重大不利变化等；

（五）宏观环境风险，包括相关法律、税收、外汇、贸易等政策发生重大不利变化；

（六）本所或者公司认定的其他重大风险。

8.2.4 上市时未盈利的公司，在实现盈利前应当在年度报告显著位置提示尚未盈利风险，披露公司核心竞争力和经营活动面临的重大风险。

上市公司应当结合行业特点，充分披露尚未盈利的原因，以及对公司现金流、业务拓展、人才吸引、团队稳定性、研发投入、战略性投入、生产经营可持续性等方面的影响。

8.2.5 上市公司出现下列风险事项，应当立即披露相关情况及对公司的影响：

（一）发生重大亏损或者遭受重大损失；

（二）发生重大债务、未清偿到期重大债务或者重大债权到期未获清偿；

（三）可能依法承担重大违约责任或者大额赔偿责任；

（四）计提大额资产减值准备；

（五）公司决定解散或者被有权机关依法吊销营业执照、责令关闭或者强制解散；

（六）预计出现净资产为负值；

（七）主要债务人出现资不抵债或者进入破产程序，上市公司对相应债权未计提足额坏账准备；

（八）营业用主要资产被查封、扣押、冻结，被抵押、质押或者报废超过该资产的 30%；

（九）公司因涉嫌违法违规被有权机关调查或者受到重大行政处罚、刑事处罚，控股股东、实际控制人涉嫌违法违规被有权机关调查、采取强制措施或者受到重大行政处罚、刑事处罚；

（十）公司董事、监事和高级管理人员无法正常履行职责，或者因涉嫌违法违规被有权机关调查、采取强制措施，或者受到重大行政处罚、刑事处罚；

（十一）公司核心技术团队或者关键技术人员等对公司核心竞争力有重大影响的人员辞职或者发生较大变动；

（十二）公司在用的核心商标、专利、专有技术、特许经营权等重要资产或者核心技术许可到期、出现重大纠纷、被限制使用或者发生其他重大不利变化；

（十三）主要产品、核心技术、关键设备、经营模式等面临被替代或者被淘汰的风险；

（十四）重要研发项目研发失败、终止、未获有关部门批准，或者公司放弃对重要核心技术项目的继续投资或者控制权；

（十五）发生重大环境、生产及产品安全事故；

（十六）收到政府部门限期治理、停产、搬迁、关闭的决定通知；

（十七）不当使用科学技术、违反科学伦理；

（十八）本所或者公司认定的其他重大风险情况、重大事故或者负面事件。

上述事项涉及具体金额的，应当比照适用本规则第 7.1.2 条的规定。

8.2.6 上市公司因涉嫌违法违规被有权行政机关立案调

查或者被人民检察院提起公诉，且可能触及本规则第10.5.1条规定的重大违法强制退市情形的，公司应当在知悉被立案调查或者被提起公诉时及时对外披露，其后每月披露一次相关情况进展，并就其股票可能被实施重大违法强制退市进行风险提示。

第三节　可转换公司债券涉及的重大事项

8.3.1　发行可转换公司债券的上市公司出现下列情形之一的，应当及时披露：

（一）因发行新股、送股、分立或者其他原因引起股份变动，需要调整转股价格，或者依据募集说明书约定的转股价格向下修正条款修正转股价格的；

（二）可转换公司债券转换为股票的数额累计达到可转换公司债券开始转股前公司已发行股份总额的10%的；

（三）公司信用状况发生重大变化，可能影响按期偿还债券本息的；

（四）可转换公司债券担保人发生重大资产变动、重大诉讼、合并、分立等情况的；

（五）未转换的可转换公司债券总额少于3000万元的；

（六）符合《证券法》规定的信用评级机构对可转换公司债券的信用或者公司的信用进行评级，并已出具信用评级结果的；

（七）公司重大资产抵押、质押、出售、转让、报废；

（八）公司发生未能清偿到期债务的情况；

（九）公司新增借款或者对外提供担保超过上年末净资产的20%；

（十）公司放弃债权或者财产超过上年末净资产的10%；

（十一）公司发生超过上年末净资产 10% 的重大损失；

（十二）可能对可转换公司债券交易价格产生较大影响的其他重大事件；

（十三）中国证监会和本所规定的其他情形。

8.3.2 投资者持有上市公司已发行的可转换公司债券达到发行总量的 20% 时，应当在事实发生之日起两个交易日内通知公司予以公告。

持有上市公司已发行的可转换公司债券 20% 及以上的投资者，其所持公司已发行的可转换公司债券比例每增加或者减少 10% 时，应当依照前款规定履行通知公告义务。

8.3.3 上市公司应当在可转换公司债券约定的付息日前三至五个交易日内披露付息公告，在可转换公司债券期满前三至五个交易日内披露本息兑付公告。

8.3.4 上市公司应当在可转换公司债券开始转股前三个交易日内披露实施转股的公告。

8.3.5 上市公司应当在满足赎回条件的次一交易日发布公告，明确披露是否行使赎回权。如决定行使赎回权的，公司应当在满足赎回条件后的五个交易日内至少发布三次赎回公告。赎回期结束，公司应当公告赎回结果及影响。

8.3.6 上市公司应当在满足回售条件的次一交易日发布回售公告，并在满足回售条件后的五个交易日内至少发布三次回售公告。回售期结束，公司应当公告回售结果及其影响。

8.3.7 经股东大会批准变更募集资金投资项目的，上市公司应当在股东大会通过后二十个交易日内赋予可转换公司债券持有人一次回售的权利。有关回售公告至少发布三次，其中，在回售实施前、股东大会决议公告后五个交易日内至少发布一次，在回售实施期间至少发布一次，余下一次回售公告发布的时间视需要而定。

8.3.8 上市公司应当在每一季度结束后及时披露因可转

换公司债券转换为股份所引起的股份变动情况。

8.3.9　上市公司出现可转换公司债券按规定须停止交易的情形时，应当在获悉有关情形后及时披露其可转换公司债券将停止交易的公告。

第四节　股权激励

8.4.1　上市公司以本公司股票为标的，采用限制性股票、股票期权或者本所认可的其他方式，对董事、高级管理人员及其他员工进行长期性激励的，应当遵守本节规定，按照相关规定履行相应审议程序和信息披露义务。

8.4.2　激励对象可以包括上市公司的董事、高级管理人员、核心技术人员或者核心业务人员，以及公司认为应当激励的对公司经营业绩和未来发展有直接影响的其他员工，独立董事和监事除外。

单独或合计持有上市公司5%以上股份的股东或实际控制人及其配偶、父母、子女以及上市公司外籍员工，在上市公司担任董事、高级管理人员、核心技术人员或者核心业务人员的，可以成为激励对象。上市公司应当充分说明前述人员成为激励对象的必要性、合理性。

下列人员不得成为激励对象：

（一）最近十二个月内被证券交易所认定为不适当人选；

（二）最近十二个月内被中国证监会及其派出机构认定为不适当人选；

（三）最近十二个月内因重大违法违规行为被中国证监会及其派出机构行政处罚或者采取市场禁入措施；

（四）具有《公司法》规定的不得担任公司董事、高级管理人员情形的；

（五）法律法规规定不得参与上市公司股权激励的；

（六）中国证监会认定的其他情形。

8.4.3 上市公司授予激励对象限制性股票，包括下列类型：

（一）激励对象按照股权激励计划规定的条件，获得的转让等部分权利受到限制的本公司股票；

（二）符合股权激励计划授予条件的激励对象，在满足相应获益条件后分次获得并登记的本公司股票。

8.4.4 上市公司授予激励对象限制性股票的授予价格，低于股权激励计划草案公布前一个交易日、二十个交易日、六十个交易日或者一百二十个交易日公司股票交易均价的50%的，应当说明定价依据及定价方式。

出现前款规定情形的，公司应当聘请独立财务顾问，对股权激励计划的可行性、相关定价依据和定价方法的合理性、是否有利于公司持续发展、是否损害股东利益等发表意见。

8.4.5 上市公司可以同时实施多项股权激励计划。上市公司全部在有效期内的股权激励计划所涉及的标的股票总数，累计不得超过公司股本总额的20%。

8.4.6 上市公司授予激励对象第8.4.3条第二项所述限制性股票，应当就激励对象分次获益设立条件，并在满足各次获益条件时分批进行股份登记。当次获益条件不满足的，不得进行股份登记。

公司应当在股权激励计划中明确披露分次授予权益的数量、获益条件、股份授予或者登记时间及相关限售安排。

获益条件包含十二个月以上的任职期限的，实际授予的权益进行登记后，可不再设置限售期。

第五节　重大资产重组

8.5.1　上市公司及有关各方应当依照《上市公司重大资产重组管理办法》(以下简称《重组办法》）及中国证监会其他相关规定、本规则及本所其他相关规定，实施重大资产重组。

8.5.2　上市公司实施发行股份购买资产、合并、分立等涉及发行股票的并购重组，由本所审核，并经中国证监会注册后实施。

构成《重组办法》第十三条规定的交易情形，但不涉及发行股票的，由本所审核。

8.5.3　上市公司实施重大资产重组、发行股份购买资产(以下统称重大资产重组)，应当符合国家产业政策和相关法律法规，有利于提高上市公司持续经营能力，不得存在损害上市公司和投资者合法权益的情形。

8.5.4　上市公司应当确保能够对购买的标的资产实施有效控制，保证标的资产合规运行，督促重大资产重组有关各方履行承诺。

8.5.5　上市公司应当聘请证券服务机构就重大资产重组出具意见。

独立财务顾问应当就上市公司控制标的资产的能力发表明确意见，并在持续督导期间督促公司有效控制并整合标的资产。

第六节　其　　他

8.6.1　上市公司及相关信息披露义务人应当严格遵守承

诺事项。公司应当及时将公司和相关信息披露义务人的承诺事项单独公告。

公司应当在定期报告中专项披露上述承诺事项的履行情况。如出现公司或者相关信息披露义务人不能履行承诺的情形，公司应当及时披露具体原因和董事会拟采取的措施。

8.6.2　上市公司应当积极回报股东，根据自身条件和发展阶段，制定并执行现金分红、股份回购等股东回报政策。

公司应当在董事会审议通过利润分配或者资本公积金转增股本方案后，及时披露方案的具体内容。

公司实施利润分配或者资本公积金转增股本方案的，应当在实施方案的股权登记日前三至五个交易日内披露方案实施公告。

公司应当在股东大会审议通过方案后两个月内，完成利润分配或者资本公积金转增股本事宜。

8.6.3　上市公司发生的重大诉讼、仲裁事项属于下列情形之一的，应当及时披露相关情况：

（一）涉案金额占公司最近一期经审计净资产绝对值 10%以上，且绝对金额超过 1000 万元的；

（二）涉及公司股东大会、董事会决议被申请撤销或者宣告无效的；

（三）可能对公司生产经营、控制权稳定、公司股票及其衍生品种交易价格或者投资决策产生较大影响的；

（四）本所认为有必要的其他情形。

上市公司发生的重大诉讼、仲裁事项应当采取连续十二个月累计计算的原则，经累计计算达到前款标准的，适用前款规定。已经按照上述规定履行披露义务的，不再纳入累计计算范围。

上市公司应当及时披露重大诉讼、仲裁事项的重大进展情况及其对公司的影响，包括但不限于诉讼案件的一审和二审判决结果、仲裁裁决结果以及判决、裁决执行情况等。

8.6.4 上市公司出现下列情形之一的，应当及时披露：

（一）变更公司名称、证券简称、公司章程、注册资本、注册地址、办公地址和联系电话等，其中公司章程发生变更的，还应当将新的公司章程在符合条件媒体披露；

（二）经营方针、经营范围或者公司主营业务发生重大变化；

（三）变更会计政策、会计估计；

（四）董事会通过发行新股或者其他境内外发行融资方案；

（五）公司发行新股或者其他境内外发行融资申请、重大资产重组事项收到相应的审核意见；

（六）持有公司5%以上股份的股东或者实际控制人持股情况或者控制公司的情况发生或者拟发生较大变化；

（七）公司的实际控制人及其控制的其他企业从事与公司相同或者相似业务的情况发生较大变化；

（八）公司董事长、经理、董事（含独立董事）或者三分之一以上监事提出辞职或者发生变动；

（九）生产经营情况、外部条件或者生产环境发生重大变化（包括主要产品价格或市场容量、原材料采购、销售方式、重要供应商或者客户发生重大变化等）；

（十）订立重要合同，可能对公司的资产、负债、权益或者经营成果产生重大影响；

（十一）法律、行政法规、部门规章、规范性文件、政策、市场环境、贸易条件等外部宏观环境发生变化，可能对公司经营产生重大影响；

（十二）聘任、解聘为公司提供审计服务的会计师事务所；

（十三）法院裁定禁止控股股东转让其所持股份；

（十四）任一股东所持公司 5% 以上股份被质押、冻结、司法拍卖、托管、设定信托或者被依法限制表决权；

（十五）获得大额政府补贴等额外收益；

（十六）发生可能对公司的资产、负债、权益或者经营成果产生重大影响的其他事项；

（十七）中国证监会和本所认定的其他情形。

8.6.5 上市公司一次性签署与日常生产经营相关的采购、销售、工程承包或者提供劳务等合同的金额占公司最近一个会计年度经审计主营业务收入或者总资产 50% 以上，且绝对金额超过 1 亿元的，应当及时披露。

公司应当及时披露重大合同的进展情况，包括但不限于合同生效、合同履行发生重大变化或者出现重大不确定性、合同提前解除、合同终止等。

8.6.6 上市公司独立或者与第三方合作研究、开发新技术、新产品、新业务、新服务或者对现有技术进行改造，相关事项对公司盈利或者未来发展有重要影响的，公司应当及时披露。

8.6.7 上市公司申请或者被债权人申请破产重整、和解或破产清算的，应当及时披露下列进展事项：

（一）法院裁定受理重整、和解或破产清算申请；

（二）重整、和解或破产清算程序的重大进展或法院审理裁定；

（三）法院裁定批准公司破产重整计划、和解协议或清算；

（四）破产重整计划、和解协议的执行情况。

进入破产程序的上市公司，除应当及时披露上述信息外，还应当及时披露定期报告和临时报告。

8.6.8 进入破产程序的上市公司采取管理人管理运作模式的，管理人及其成员应当按照《证券法》以及最高人民法院、中国证监会和本所的相关规定，真实、准确、完整、及时地履行信息披露义务，并确保对公司所有债权人和股东公平地披露信息。

公司披露的定期报告应当由管理人的成员签署书面确认意见，公司披露的临时报告应当由管理人发布并加盖管理人公章。

8.6.9　进入破产程序的上市公司采取管理人监督运作模式的，公司董事会、监事会和高级管理人员应当继续按照本规则和本所有关规定履行信息披露义务。

管理人应当及时将涉及信息披露的所有事项告知公司董事会，并督促公司董事、监事和高级管理人员勤勉尽责地履行信息披露义务。

第九章

风险警示

9.1 上市公司出现财务状况或者其他状况异常，导致其股票存在终止上市风险，或者投资者难以判断公司前景，其投资权益可能受到损害的，本所对该公司股票交易实施风险警示。

9.2 本规则所称风险警示分为提示存在终止上市风险的风险警示（以下简称“退市风险警示”）和其他风险警示。

上市公司股票交易被实施退市风险警示的，在股票简称前冠以“＊ST”字样，被实施其他风险警示的，在股票简称前冠以“ST”字样，以区别于其他股票。公司同时存在退市风险警示和其他风险警示情形的，在公司股票简称前冠以“＊ST”字样。

退市风险警示股票和其他风险警示股票进入风险警示板交易。

退市风险警示有关具体事项，按照本规则第十章规定执行。

9.3 上市公司同时存在两项以上其他风险警示情形的，

须满足全部其他风险警示情形的撤销条件，方可撤销其他风险警示。

9.4　上市公司出现下列情形之一的，本所对其股票交易实施其他风险警示：

（一）公司生产经营活动受到严重影响且预计在三个月以内不能恢复正常；

（二）公司主要银行账号被冻结；

（三）公司董事会、股东大会无法正常召开会议并形成决议；

（四）公司最近一年被出具无法表示意见或否定意见的内部控制审计报告或鉴证报告；

（五）公司向控股股东或者其关联人提供资金或者违反规定程序对外提供担保且情形严重的；

（六）公司最近三个会计年度扣除非经常性损益前后净利润孰低者为负值，且最近一年审计报告显示公司持续经营能力存在不确定性；

（七）本所认定的其他情形。

9.5　本规则第9.4条第五项所述“向控股股东或者其关联人提供资金或者违反规定程序对外提供担保且情形严重”，是指上市公司存在下列情形之一且无可行的解决方案或者虽提出解决方案但预计无法在一个月内解决的：

（一）上市公司向控股股东或者其关联人提供资金的余额在1000万元以上，或者占上市公司最近一期经审计净资产的5%以上；

（二）上市公司违反规定程序对外提供担保的余额（担保对象为上市公司合并报表范围内子公司的除外）在1000万元以上，或者占上市公司最近一期经审计净资产的5%以上。

公司无控股股东、实际控制人的，其向第一大股东或者其关联人提供资金，按照本章规定执行。

9.6　上市公司生产经营活动受到严重影响，或者出现本规则第 9.5 条所述情形的，应当及时对外披露，说明公司是否能在相应期限内解决，同时披露公司股票交易可能被实施其他风险警示的风险提示公告，并至少每月披露一次相关进展情况和风险提示公告，直至相应情形消除或公司股票交易被本所实施其他风险警示。

9.7　上市公司出现本规则第 9.4 条规定情形的，应当及时对外披露，同时按照本所的要求披露股票交易将被实施其他风险警示的公告，说明被实施其他风险警示的起始日期、主要原因并提示相关风险。公司股票及其衍生品种于公告披露后停牌一天，自复牌之日起，本所对公司股票交易实施其他风险警示。

公司触及第 9.4 条情形但未按前款规定公告的，本所可以对公司股票交易实施其他风险警示，并向市场公告。

9.8　上市公司因本规则第 9.4 条第一项至第五项情形被实施其他风险警示的，应当至少每月披露一次进展公告，说明相关情形对公司的影响、公司为消除相关情形已经和将要采取的措施及有关工作进展情况，直至相应情形消除，公司没有采取措施或者相关工作没有进展的，也应当披露并说明具体原因。

9.9　上市公司认为其出现的本规则第 9.4 条规定的相应情形已消除的，应当及时公告，同时说明是否将向本所申请撤销其他风险警示。公司拟申请撤销其他风险警示的，应当在披露之日起五个交易日内向本所提交申请。

公司向控股股东或者其关联人提供资金的情形已消除，向本所申请撤销其他风险警示的，应当提交会计师事务所出具的专项审核报告、独立董事出具的专项意见等文件。

公司违规对外担保事项已消除，向本所申请撤销其他风险警示的，应当提交律师事务所出具的法律意见书、独立董事出具的专项意见等文件。

公司内部控制缺陷整改完成，内部控制能有效运行，向本所申请撤销其他风险警示的，应当提交会计师事务所对其最近一年内部控制出具的标准无保留意见的审计报告或鉴证报告和独立董事出具的专项意见等文件。

公司最近一年经审计的财务报告显示，其扣除非经常性损益前后的净利润孰低者为正值或者持续经营能力不确定性已消除，向本所申请撤销其他风险警示的，应当提交会计师事务所出具的最近一年审计报告和独立董事出具的专项意见等文件。

9.10　上市公司因出现第9.4条第四项、第六项情形，其股票交易被本所实施其他风险警示的，在风险警示期间，公司进行重大资产重组且满足以下全部条件的，可以向本所申请撤销其他风险警示：

（一）根据中国证监会有关重大资产重组规定出售全部经营性资产和负债、购买其他资产且已实施完毕；

（二）通过购买进入公司的资产是一个完整经营主体，该经营主体在进入公司前已在同一管理层之下持续经营两年以上；

（三）模拟财务报表的主体不存在第9.4条规定的情形；

（四）本所要求的其他条件。

9.11　上市公司向本所申请撤销其他风险警示的，应当于次一交易日披露相关公告。

公司提交完备的申请材料的，本所在十五个交易日内决定是否撤销其他风险警示。在此期间，本所要求公司提供补充材料的，公司应当在本所规定期限内提供。公司补充材料期间不计入本所作出有关决定的期限。

本所可以自行或委托相关机构就公司相关情况进行调查核实，调查核实期间不计入本所作出有关决定的期限内。

9.12　本所决定撤销其他风险警示的，上市公司应当于次一交易日披露撤销其他风险警示的公告，公司股票及其衍生品种于公告后停牌一天，自复牌之日起，本所撤销对公司股票交易的其他风险警示。

9.13　本所决定不予撤销其他风险警示的，上市公司应当于收到本所书面通知的次一交易日披露相关公告。

第十章

退　市

第一节　一般规定

10.1.1　上市公司触及本章规定的退市风险警示、终止上市情形的，本所依程序审议和决定其股票退市风险警示、终止上市事宜。

10.1.2　上市公司出现本章规定的退市风险警示或终止上市情形的，应当依据本所有关规定和要求提供相关材料，履行信息披露和申请停复牌等义务。公司未按照相关规定报告或提交公告及相关文件的，本所可以向市场公告，并按照规定对其股票实施停复牌、退市风险警示或终止上市等。

10.1.3　上市公司股票存在被实施退市风险警示或者终止上市风险的，应当按照本章有关规定披露相关风险提示公告。本所可以视情况要求公司调整风险提示公告的披露时点和次数。

10.1.4　上市公司股票交易将被实施退市风险警示的，应当披露公司股票交易将被实施退市风险警示的公告，说明被实施退市风险警示的起始日期、主要原因并提示相关风险。公司股票于公告后停牌一天，自复牌之日起，本所对其股票交易实施退市风险警示。

10.1.5　上市公司出现两项以上退市风险警示、终止上市情形的，其股票按照先触及先适用的原则实施退市风险警示、终止上市。

公司同时存在两项以上退市风险警示情形，其中一项退市风险警示情形已满足撤销条件的，公司应当在规定期限内申请撤销相关退市风险警示情形，经本所审核同意的，不再适用对应情形的终止上市程序。

公司同时存在两项以上退市风险警示情形的，须满足全部退市风险警示情形的撤销条件，方可撤销退市风险警示。

公司股票交易撤销退市风险警示，但还存在其他的风险警示情形的，本所对公司股票交易实施相应的风险警示。

10.1.6　上市公司申请撤销退市风险警示的，应当向本所提交下列文件：

（一）公司关于撤销对其股票交易实施退市风险警示的申请书；

（二）公司董事会关于申请撤销对公司股票交易实施退市风险警示的决议；

（三）公司就其符合撤销退市风险警示条件的说明及有关证明材料；

（四）本所要求的其他有关材料。

10.1.7　上市公司向本所申请撤销退市风险警示，本所要求公司提供补充材料的，公司应当在本所要求期限内提供有关材料。公司补充材料期间不计入本所作出有关决定的期限内。

本所可以自行或委托相关机构就公司相关情况进行调查核

实。调查核实期间不计入本所作出有关决定的期限内。

10.1.8　本所在作出上市公司股票终止上市决定之日起两个交易日内，通知公司并发布相关公告，同时报中国证监会备案。

公司应当在收到本所关于终止其股票上市决定后，及时披露股票终止上市公告。

10.1.9　上市公司股票被终止上市的，其发行的可转换公司债券及其他衍生品种应当终止上市，相关终止上市事宜参照股票终止上市有关规定办理。

第二节　交易类强制退市

10.2.1　上市公司出现下列情形之一的，本所决定终止其股票上市交易：

（一）连续一百二十个交易日通过本所交易系统实现的股票累计成交量低于200万股；

（二）连续二十个交易日每日股票收盘价均低于1元；

（三）连续二十个交易日每日股票收盘市值均低于3亿元；

（四）连续二十个交易日每日公司股东人数均少于400人；

（五）本所认定的其他情形。

前款规定的交易日，不包含公司股票全天停牌日和公司首次公开发行股票上市之日起的二十个交易日。

红筹企业发行存托凭证的，第一款第一项调整为连续一百二十个交易日通过本所交易系统实现的存托凭证累计成交量低于200万份；第一款第二项调整为连续二十个交易日每日存托凭证收盘价乘以存托凭证与基础股票转换比例后的数值均低于

1元；第一款第三项调整为连续二十个交易日每日存托凭证市值均低于3亿元；不适用第一款第四项的规定。

证券市场出现重大异常波动等情形的，本所可以根据实际情况调整本条规定的指标。

10.2.2 上市公司连续九十个交易日通过本所交易系统实现的股票累计成交量低于150万股的，应当在次一交易日披露公司股票可能被终止上市的风险提示公告，其后每个交易日披露一次，直至自上述起算时点起连续一百二十个交易日内通过本所交易系统实现的股票累计成交量达到200万股以上或者本所作出公司股票终止上市的决定（以在先者为准）。

10.2.3 上市公司连续十个交易日出现下列情形之一的，应当在次一交易日披露公司股票可能被终止上市的风险提示公告，其后每个交易日披露一次，直至相应的情形消除或者本所作出公司股票终止上市的决定（以在先者为准）：

（一）每日股票收盘价均低于1元；

（二）每日股票收盘市值均低于3亿元；

（三）每日股东人数均少于400人。

10.2.4 上市公司出现第10.2.1条规定情形之一的，应当在相应情形出现的次一交易日披露，公司股票及其衍生品种自公告之日起停牌。

本所自公司股票停牌之日起五个交易日内，向公司发出拟终止其股票上市的事先告知书。公司应当在收到本所终止上市事先告知书后及时披露。

10.2.5 上市公司收到终止上市事先告知书后，可以根据本章第六节的规定申请听证，提出陈述和申辩。

公司未在规定期限内提出听证申请的，本所上市委员会在陈述和申辩提交期限届满后十五个交易日内，就是否终止公司股票上市事宜进行审议，作出独立的专业判断并形成审核意见；公司在规定期限内提出听证申请的，本所上市委员会在听证程序结束后十五个交易日内形成审核意见。

本所根据上市委员会的审核意见，作出是否终止公司股票上市的决定。

第三节　财务类强制退市

10.3.1　上市公司出现下列情形之一的，本所对其股票交易实施退市风险警示：

（一）最近一个会计年度经审计的净利润为负值且营业收入低于1亿元，或追溯重述后最近一个会计年度净利润为负值且营业收入低于1亿元；

（二）最近一个会计年度经审计的期末净资产为负值，或追溯重述后最近一个会计年度期末净资产为负值；

（三）最近一个会计年度的财务会计报告被出具无法表示意见或者否定意见的审计报告；

（四）中国证监会行政处罚决定表明公司已披露的最近一个会计年度财务报告存在虚假记载、误导性陈述或者重大遗漏，导致该年度相关财务指标实际已触及本款第一项、第二项情形；

（五）本所认定的其他情形。

本节所述净利润以扣除非经常性损益前后孰低者为准。前款第一项所述营业收入应当扣除与主营业务无关的业务收入和不具备商业实质的收入。

公司最近一个会计年度经审计净利润为负值的，应当在年度报告中披露营业收入扣除情况及扣除后的营业收入金额；负责审计的会计师事务所应当就公司营业收入扣除事项是否符合前述规定及扣除后的营业收入金额出具专项核查意见。

公司未按本条第二款规定扣除相关收入的，本所可以要求公司扣除，并按照扣除后营业收入决定是否对公司实施退市风险警示。

本所可以根据实际情况调整本条第一款第一项、第二项规定的指标。

10.3.2　上市公司预计将出现第10.3.1条第一款第一项至第三项情形的，应当在相应的会计年度结束后一个月内，披露公司股票交易可能被实施退市风险警示的风险提示公告，并在披露年度报告前至少再发布两次风险提示公告。

公司可能因追溯重述导致出现第10.3.1条第一款第一项、第二项情形，或者相关行政处罚事先告知书表明公司可能出现第10.3.1条第一款第四项情形的，应当在知悉相关风险情况时立即披露公司股票交易可能被实施退市风险警示的风险提示公告。

10.3.3　上市公司出现第10.3.1条第一款第一项至第三项情形的，应当在披露年度报告或者财务会计报告更正公告的同时，披露公司股票交易将被实施退市风险警示的公告。公司股票及其衍生品种于公告后停牌一天。自复牌之日起，本所对公司股票交易实施退市风险警示。

上市公司出现第10.3.1条第一款第四项情形的，应当在收到相关行政处罚决定书后，立即披露相关情况和公司股票交易将被实施退市风险警示的公告。公司股票及其衍生品种于公告披露后停牌一天。自复牌之日起，本所对公司股票交易实施退市风险警示。

10.3.4　上市公司因出现第10.3.1条第一款第一项至第三项情形，其股票交易被实施退市风险警示的，应当在其股票被实施退市风险警示当年的会计年度结束后一个月内，发布股票可能被终止上市的风险提示公告，并在披露该年年度报告前至少再发布两次风险提示公告。

公司因出现第10.3.1条第一款第四项情形，其股票交易被实施退市风险警示的，应当在披露实际触及退市风险警示指标相应年度的次一年度年度报告前至少发布两次风险提示公告。

10.3.5 上市公司股票因出现第10.3.1条情形，其股票交易被本所实施退市风险警示的，在退市风险警示期间，公司进行重大资产重组且满足以下全部条件的，可以向本所申请撤销退市风险警示：

（一）根据中国证监会有关重大资产重组规定出售全部经营性资产和负债、购买其他资产且已实施完毕；

（二）通过购买进入公司的资产是一个完整经营主体，该经营主体在进入公司前已在同一管理层之下持续经营两年以上；

（三）公司模拟财务报表的财务数据不存在第10.3.1条第一款规定的情形；

（四）本所要求的其他条件。

10.3.6 上市公司因出现第10.3.1条第一款第一项至第三项情形，其股票交易被实施退市风险警示后，首个会计年度审计结果表明公司未出现第10.3.10条第一款第一项至第四项规定的任一情形的，公司可以向本所申请撤销退市风险警示。公司应当在披露年度报告同时说明是否将向本所申请撤销退市风险警示。公司拟申请撤销退市风险警示的，应当在披露之日起五个交易日内，向本所提交申请。

公司因出现第10.3.1条第一款第四项情形，其股票交易被实施退市风险警示后，实际触及退市风险警示指标相应年度的次一年度年度报告表明公司未出现第10.3.10条第一款第一项至第四项规定的任一情形的，公司可以向本所申请撤销退市风险警示。公司应当在披露年度报告同时说明是否将向本所申请撤销退市风险警示。公司拟申请撤销退市风险警示的，应当在披露之日起五个交易日内，向本所申请撤销退市风险警示。

10.3.7　上市公司向本所提交撤销退市风险警示的申请后，应当在次一交易日作出公告。

公司提交完备的申请材料的，本所在十五个交易日内决定是否撤销退市风险警示。

10.3.8　本所决定撤销退市风险警示的，公司应当披露公司股票撤销退市风险警示公告，公司股票及其衍生品种在公告后停牌一天。自复牌之日起，本所撤销对公司股票交易的退市风险警示。

10.3.9　本所决定不予撤销退市风险警示的，上市公司应当在收到本所有关书面通知次一交易日披露公告。

10.3.10　上市公司因第 10.3.1 条第一款第一项至第三项情形其股票交易被实施退市风险警示后，首个会计年度出现以下情形之一的，本所决定终止其股票上市交易：

（一）经审计的净利润为负值且营业收入低于 1 亿元，或者追溯重述后最近一个会计年度净利润为负值且营业收入低于 1 亿元；

（二）经审计的期末净资产为负值，或者追溯重述后最近一个会计年度期末净资产为负值；

（三）财务会计报告被出具保留意见、无法表示意见或者否定意见的审计报告；

（四）未在法定期限内披露过半数董事保证真实、准确、完整的年度报告；

（五）虽满足第 10.3.6 条规定的条件，但未在规定期限内向本所申请撤销退市风险警示；

（六）因不满足第 10.3.6 条规定的条件，其撤销退市风险警示申请未被审核同意。

公司因第 10.3.1 条第一款第四项情形其股票交易被实施退市风险警示后，出现前款第四项至第六项情形或者实际触及退市风险警示指标相应年度的次一年度出现前款第一项至第三项情形的，本所决定终止其股票上市交易。

10.3.11　上市公司出现第10.3.10条第一款第一项至第三项情形的，应当在披露年度报告的同时披露公司股票可能被终止上市的风险提示公告。公司股票及其衍生品种于公告后停牌。

公司出现第10.3.10条第一款第四项至第六项情形的，应当在相应情形发生的次一交易日披露公司股票可能被终止上市的风险提示公告。公司股票及其衍生品种于公告后停牌。

公司出现第10.3.10条第二款情形的，按照本条前两款执行。

10.3.12　本所根据第10.3.11条对上市公司股票及其衍生品种实施停牌的，自停牌之日起五个交易日内，向公司发出拟终止其股票上市的事先告知书。公司应当在收到本所终止上市事先告知书后及时披露。

10.3.13　上市公司收到终止上市事先告知书后，可以根据本章第六节的规定申请听证，提出陈述和申辩。

上市公司未在规定期限内提出听证申请的，本所上市委员会在陈述和申辩提交期限届满后十五个交易日内，就是否终止公司股票上市事宜进行审议，作出独立的专业判断并形成审核意见；公司在规定期限内提出听证申请的，本所上市委员会在听证程序结束后十五个交易日内形成上述审核意见。

本所根据上市委员会的审核意见，作出是否终止股票上市的决定。

10.3.14　上市公司因触及第10.3.10条第二款情形其股票被终止上市，相关行政处罚决定被依法撤销或确认无效，或者因对违法行为性质、违法事实等的认定发生重大变化被依法变更的，参照第10.5.8条至第10.5.12条规定的程序办理。

第四节　规范类强制退市

10.4.1　上市公司出现下列情形之一的，本所对其股票交易实施退市风险警示：

（一）未在法定期限内披露年度报告或者半年度报告，且在公司股票停牌两个月内仍未披露；

（二）半数以上董事无法保证年度报告或者半年度报告真实、准确、完整，且在公司股票停牌两个月内仍有半数以上董事无法保证的；

（三）因财务会计报告存在重大会计差错或者虚假记载，被中国证监会责令改正但公司未在要求期限内改正，且在公司股票停牌两个月内仍未改正；

（四）因信息披露或者规范运作等方面存在重大缺陷，被本所要求改正但未在要求期限内改正，且在公司股票停牌两个月内仍未改正；

（五）因公司股本总额或者股权分布发生变化，导致连续二十个交易日不再符合上市条件，在规定期限内仍未解决；

（六）公司可能被依法强制解散；

（七）法院依法受理公司重整、和解和破产清算申请；

（八）本所认定的其他情形。

10.4.2　本规则第 10.4.1 条第四项情形，具体包括以下情形：

（一）公司已经失去信息披露联系渠道；

（二）公司拒不披露应当披露的重大信息；

（三）公司严重扰乱信息披露秩序，并造成恶劣影响；

（四）本所认为公司信息披露或者规范运作存在重大缺陷的其他情形。

10.4.3　上市公司信息披露或规范运作是否存在重大缺陷及重大缺陷是否改正，由本所上市委员会认定。上市委员会认定期间不计入公司改正的期限。

10.4.4　上市公司出现下列情形之一的，应当立即披露股票交易可能被实施退市风险警示的风险提示公告：

（一）未在法定期限内披露年度报告或者半年度报告；

（二）半数以上董事无法保证年度报告或者半年度报告真实、准确、完整；

（三）因财务会计报告存在重大会计差错或者虚假记载，被中国证监会责令改正；

（四）因信息披露或者规范运作等方面存在重大缺陷，被本所要求改正；

（五）股本总额或者股权分布连续十个交易日不符合上市条件。

公司按照前款规定披露风险提示公告后，应当至少每十个交易日披露一次相关进展情况和风险提示公告，直至相应情形消除或公司股票交易被本所实施退市风险警示。

10.4.5　上市公司出现第10.4.1条第一项规定的未在法定期限内披露相关年度报告或者半年度报告情形的，公司股票及其衍生品种在相应期限届满的次一交易日起停牌。

公司在股票停牌后两个月内披露过半数董事保证真实、准确、完整的相应定期报告的，公司股票及其衍生品种于公告披露后复牌。

公司在股票停牌后两个月内仍未披露过半数董事保证真实、准确、完整的定期报告的，应当在其股票停牌两个月届满的次一交易日披露股票交易将被实施退市风险警示的公告，公司股票及其衍生品种于公告后继续停牌一天，自复牌之日起，本所对公司股票交易实施退市风险警示。

10.4.6　上市公司出现第10.4.1条第二项规定的半数以

上董事无法保证年度报告或者半年度报告真实、准确、完整情形的，公司股票及其衍生品种在相应定期报告法定披露期限届满的次一交易日起停牌。

在股票停牌后两个月内，公司过半数董事保证相关定期报告真实、准确、完整的，公司应当及时公告，公司股票及其衍生品种于公告披露后复牌。

在股票停牌后两个月内，公司半数以上董事仍无法保证相关定期报告真实、准确、完整的，公司应当在其股票停牌两个月届满的次一交易日披露股票交易将被实施退市风险警示的公告，公司股票及其衍生品种于公告后继续停牌一天，自复牌之日起，本所对公司股票交易实施退市风险警示。

10.4.7　上市公司出现第 10.4.1 条第三项、第四项规定的未在规定期限改正情形的，公司股票及其衍生品种在相应改正期限届满的次一交易日起停牌。

公司在股票停牌后两个月内按照相关规定和要求完成改正的，应当及时公告，公司股票及其衍生品种于公告披露后复牌。

公司在股票停牌后两个月内仍未按照相关规定和要求完成改正的，公司应当在其股票停牌两个月届满的次一交易日披露股票交易将被实施退市风险警示的公告，公司股票及其衍生品种于公告后继续停牌一天，自复牌之日起，本所对公司股票交易实施退市风险警示。

10.4.8　上市公司出现第 10.4.1 条第五项规定的股本总额或者股权分布连续二十个交易日不符合上市条件的，公司股票及其衍生品种自前述情形出现的次一交易日起停牌并披露公司股票交易可能被实施退市风险警示的风险提示公告。公司应当于停牌之日起一个月内披露股本总额或者股权分布问题的解决方案并提示相关风险。

公司在股票停牌后一个月内披露解决方案的，应当同时披露股票交易将被实施退市风险警示的公告，公司股票及其衍生品种于公告后继续停牌一天；公司未在股票停牌后一个月内披露解决方案的，自一个月期限届满的次一交易日披露股票交易将被实施退市风险警示的公告，公司股票及其衍生品种自公告后继续停牌一天。自复牌之日起，本所对公司股票交易实施退市风险警示。

停牌期间股本总额或者股权分布重新符合上市条件的，公司应当及时披露，公司股票及其衍生品种于公告披露后复牌。

10.4.9　上市公司出现第10.4.1条第六项至第八项规定情形之一的，公司应当在该情形出现的次一交易日披露，公司股票及其衍生品种于公告后继续停牌一天。自复牌之日起，本所对公司股票交易实施退市风险警示。

10.4.10　上市公司股票交易被实施退市风险警示期间，应当每五个交易日披露一次风险提示公告，提示其股票可能被终止上市的风险，直至相应情形消除或本所终止其股票上市。

10.4.11　上市公司因第10.4.1条第七项情形其股票交易被实施退市风险警示的，公司应当分阶段及时披露法院裁定批准公司重整计划、和解协议或者终止重整、和解程序等重整事项的进展，并充分提示相关风险。

上市公司破产重整的停复牌应当遵守本所相关规定。

10.4.12　上市公司因第10.4.1条第一项至第六项情形其股票交易被实施退市风险警示后，符合下列对应条件的，可以向本所申请撤销退市风险警示：

（一）因第10.4.1条第一项情形被实施退市风险警示之日起的两个月内，披露过半数董事保证真实、准确、完整的相关年度报告或者半年度报告；

（二）因第10.4.1条第二项情形被实施退市风险警示之日起的两个月内，过半数董事保证相关定期报告真实、准确、完整的；

（三）因第 10. 4. 1 条第三项情形被实施退市风险警示之日起的两个月内，按相关规定和要求披露经改正的财务会计报告；

（四）因第 10. 4. 1 条第四项情形被实施退市风险警示之日起两个月内，公司已按要求完成改正，信息披露和规范运作无重大缺陷；

（五）因第 10. 4. 1 条第五项情形被实施退市风险警示之日起的六个月内，解决股本总额或股权分布问题，且其股本总额或股权分布重新符合上市条件；

（六）因第 10. 4. 1 条第六项情形被实施退市风险警示后，公司可能被依法强制解散的情形已消除。

公司满足前款第四项情形向本所申请对其股票交易撤销退市风险警示的，应当按照本所要求同时披露中介机构专项核查意见，说明公司已按要求完成改正，信息披露、规范运作无重大缺陷。本所提请上市委员会审议，并根据上市委员会的审核意见作出是否撤销退市风险警示的决定。

10. 4. 13　上市公司因第 10. 4. 1 条第七项情形其股票交易被实施退市风险警示后，符合下列条件之一的，公司可以向本所申请撤销退市风险警示：

（一）重整计划执行完毕；

（二）和解协议执行完毕；

（三）法院受理破产申请后至破产宣告前，依据《中华人民共和国企业破产法》（以下简称《企业破产法》）作出驳回破产申请的裁定，且申请人在法定期限内未提起上诉；

（四）因公司已清偿全部到期债务、第三人为公司提供足额担保或者清偿全部到期债务，法院受理破产申请后至破产宣告前，依据《企业破产法》作出终结破产程序的裁定。

公司因前款第一项、第二项情形向本所申请撤销对其股票实施的退市风险警示，应当提交法院指定管理人出具的监督报告、律师事务所出具的对公司重整计划或者和解协议执行情况的法律意见书，以及本所要求的其他说明文件。

10.4.14 上市公司符合第10.4.12条、第10.4.13条规定条件的，应当于相关情形出现后及时披露，并说明是否将向本所申请撤销退市风险警示。公司拟申请撤销退市风险警示的，应当在披露之日起五个交易日内向本所提交申请。

公司向本所申请对其股票交易撤销退市风险警示后，应当于次一交易日披露相关公告。

公司提交完备的撤销退市风险警示申请材料的，本所在十五个交易日内决定是否撤销退市风险警示。

10.4.15 本所决定撤销退市风险警示的，公司应当披露撤销退市风险警示的公告。公司股票及其衍生品种在公告后停牌一天。自复牌之日起，本所撤销对公司股票交易的退市风险警示。

10.4.16 本所决定不予撤销退市风险警示的，上市公司应当在收到本所有关书面通知之日作出公告。

10.4.17 上市公司出现下列情形之一的，本所决定终止其股票上市交易：

（一）因第10.4.1条第一项情形被实施退市风险警示之日起的两个月内仍未披露过半数董事保证真实、准确、完整的相关年度报告或者半年度报告；

（二）因第10.4.1条第二项情形其股票交易被实施退市风险警示之日起的两个月内仍有半数以上董事无法保证年度报告或者半年度报告真实、准确、完整；

（三）因第10.4.1条第三项情形被实施退市风险警示之日起的两个月内仍未披露经改正的财务会计报告；

（四）因第10.4.1条第四项情形被实施退市风险警示之日起的两个月内仍未按要求完成改正；

（五）因第10.4.1条第五项情形被实施退市风险警示之

日起的六个月内仍未解决股本总额或股权分布问题；

（六）因第 10. 4. 1 条第六项、第七项情形其股票被实施退市风险警示的，公司依法被吊销营业执照、被责令关闭或者被撤销等强制解散条件成就，或者法院裁定公司破产；

（七）虽满足第 10. 4. 12 条、第 10. 4. 13 条规定的条件，但未在规定期限内向本所申请撤销退市风险警示；

（八）因不满足第 10. 4. 12 条、第 10. 4. 13 条规定的条件，其撤销退市风险警示申请未被审核同意。

10. 4. 18　上市公司出现第 10. 4. 17 条情形的，应当在次一交易日披露公司股票可能被终止上市的风险提示公告，本所自公告披露之日起，对公司股票及其衍生品种实施停牌。

10. 4. 19　本所根据第 10. 4. 18 条对上市公司股票及其衍生品种实施停牌的，自停牌之日起五个交易日内，向公司发出拟终止其股票上市的事先告知书。公司应当在收到本所终止上市事先告知书后及时披露。

10. 4. 20　上市公司收到终止上市事先告知书后，可以根据本章第六节的规定申请听证、提出陈述和申辩。

公司未在规定期限内提出听证申请的，本所上市委员会在陈述和申辩提交期限届满后十五个交易日内，就是否终止公司股票上市事宜进行审议，作出独立的专业判断并形成审核意见；公司在规定期限内提出听证申请的，本所上市委员会在听证程序结束后十五个交易日内形成上述审核意见。

本所根据上市委员会的审核意见，作出是否终止公司股票上市的决定。

第五节　重大违法强制退市

10. 5. 1　本规则所称重大违法强制退市，包括下列情形：

（一）上市公司存在欺诈发行、重大信息披露违法或者其他严重损害证券市场秩序的重大违法行为，其股票应当被终止上市的情形；

（二）上市公司存在涉及国家安全、公共安全、生态安全、生产安全和公众健康安全等领域的违法行为，情节恶劣，严重损害国家利益、社会公共利益，或者严重影响上市地位，其股票应当被终止上市的情形。

10.5.2 上市公司涉及第10.5.1条第一项规定的重大违法行为，存在下列情形之一的，本所决定终止其股票上市交易：

（一）公司首次公开发行股票申请或者披露文件存在虚假记载、误导性陈述或者重大遗漏，被中国证监会依据《证券法》第一百八十一条作出行政处罚决定，或者被人民法院依据《刑法》第一百六十条作出有罪裁判且生效。

（二）公司发行股份购买资产并构成重组上市，申请或者披露文件存在虚假记载、误导性陈述或者重大遗漏，被中国证监会依据《证券法》第一百八十一条作出行政处罚决定，或者被人民法院依据《刑法》第一百六十条作出有罪裁判且生效。

（三）根据中国证监会行政处罚决定认定的事实，公司披露的年度报告存在虚假记载、误导性陈述或者重大遗漏，导致公司连续会计年度财务指标已实际触及本章第三节规定的终止上市标准。

（四）根据中国证监会行政处罚决定认定的事实，公司披露的营业收入连续两年均存在虚假记载，虚假记载的营业收入金额合计达到5亿元以上，且超过该两年披露的年度营业收入合计金额的50%；或者公司披露的净利润连续两年均存在虚假记载，虚假记载的净利润金额合计达到5亿元以上，且超过该两年披露的年度净利润合计金额的50%；或者公司披露的利润总额连续两年均存在虚假记载，虚假记载的利润总额金额合计达到 5 亿元以上，且超过该两年披露的年度利润总额合计金额的 50%；或者公司披露的资产负债表连续两年均存在虚假记载，资产负债表虚假记载金额合计达到 5 亿元以上，且超过该两年披露的年度期末净资产合计金额的 50%。（计算前述合计数时，相关财务数据为负值的，先取其绝对值后再合计计算）。

（五）本所根据公司违法行为的事实、性质、情节及社会影响等因素认定的其他严重损害证券市场秩序的情形。

前款第一项、第二项统称欺诈发行强制退市情形，第三项至第五项统称重大信息披露违法强制退市情形。

10.5.3　上市公司涉及第 10.5.1 条第二项规定的重大违法行为，存在下列情形之一的，本所决定终止其股票上市交易：

（一）上市公司或其主要子公司被依法吊销营业执照、责令关闭或者被撤销；

（二）上市公司或其主要子公司被依法吊销主营业务生产经营许可证，或者存在丧失继续生产经营法律资格的其他情形；

（三）本所根据上市公司重大违法行为损害国家利益、社会公共利益的严重程度，结合公司承担法律责任类型、对公司生产经营和上市地位的影响程度等情形，认为公司股票应当终止上市的。

10.5.4　依据相关行政机关行政处罚决定、人民法院生效裁判认定的事实，上市公司可能触及本规则第 10.5.2 条、第 10.5.3 条规定情形的，应当在知悉相关行政机关向其送达行政处罚事先告知书或者知悉人民法院作出有罪裁判后立即披露相关情况及公司股票交易可将被实施退市风险警示的公告。公司股票及其衍生品种于公告后停牌一天。自复牌之日起，本所对公司股票交易实施退市风险警示。

公司因前款情形其股票交易被实施退市风险警示期间，应当每五个交易日披露一次相关事项进展并就公司股票可能被实施重大违法强制退市进行特别风险提示。

10.5.5　依据相关行政机关行政处罚决定、人民法院生效裁判认定的事实，上市公司可能触及本规则第10.5.2条、第10.5.3条规定情形的，应当在收到相关行政机关行政处罚决定书，或者人民法院裁判生效后立即披露相关情况及公司股票可能被终止上市的风险提示公告。公司股票及其衍生品种于公告披露后停牌。

公司未触及本规则第10.5.2条、第10.5.3条规定情形，且不存在其他的退市风险警示情形的，公司股票及其衍生品种于前述公告披露后停牌一天。自复牌之日起，本所撤销对公司股票交易的退市风险警示。

10.5.6　上市公司触及本节规定的重大违法强制退市情形的，本所将在公司披露或者本所向市场公告相关行政机关行政处罚决定书或者人民法院生效裁判后的十五个交易日内，向公司发出拟终止其股票上市的事先告知书。公司应当在收到本所终止上市事先告知书后及时披露。

本所在发出终止上市事先告知书前可以要求公司补充材料，公司应当在本所要求期限内提供有关材料，补充材料期间不计入前款所述十五个交易日。公司未在要求的期限内补充材料的，本所将在期限届满后按照前款规定发出终止上市事先告知书。

本所可以自行或委托相关机构就公司相关情况进行调查核实，调查核实期间不计入前款所述十五个交易日。

10.5.7　上市公司收到终止上市事先告知书后，可以根据本章第六节的规定申请听证、提出陈述和申辩。

公司未在规定期限内提出听证申请的，本所上市委员会在陈述和申辩提交期限届满后十五个交易日内，就是否终止公司股票上市事宜进行审议，作出独立的专业判断并形成审核意见；上市公司在规定期限内提出听证申请的，本所上市委员会在听证程序结束后十五个交易日内形成审核意见。

本所根据上市委员会的审核意见，在五个交易日内作出是否终止公司股票上市的决定。

10.5.8　上市公司因重大违法强制退市情形，其股票被终止上市后，出现下列情形之一的，可以向本所申请撤销对其股票终止上市的决定：

（一）相关行政处罚决定被依法撤销或确认无效，或者因对违法行为性质、违法事实等的认定发生重大变化，被依法变更；

（二）人民法院有罪裁判被依法撤销，且未作出新的有罪裁判。

公司向本所申请撤销对其股票终止上市的，应当在收到相关文件或法律文书后的三十个交易日内向本所提交下列文件：

（一）公司关于撤销对其股票终止上市的申请书；

（二）公司董事会关于申请撤销对公司股票终止上市的决议；

（三）相关行政处罚决定书被依法撤销、确认无效或变更的证明文件，或者人民法院的相关裁判文书；

（四）法律意见书；

（五）本所要求的其他有关材料。

10.5.9　本所自收到上市公司按照第 10.5.8 条规定提出的撤销申请之日起的十五个交易日内，召开上市委员会会议，审议是否撤销对公司股票作出的终止上市决定，并形成审核意见。在此期间，本所要求公司提供补充材料的，公司应当按要求提供有关材料，公司补充材料期间不计入前述期限。本所可以自行或委托相关机构就公司相关情况进行调查核实，调查核实期间不计入审议期限。

本所根据上市委员会的审核意见，作出是否撤销对公司股票终止上市的决定。

公司股票同时存在其他的风险警示或终止上市情形的，本所对其实施相应的风险警示或终止上市。

10.5.10　本所同意撤销对公司股票终止上市的，在作出撤销决定之日起两个交易日内通知公司并发布相关公告，同时报中国证监会备案。

10.5.11　在收到本所撤销决定后的二十个交易日内，公司可以向本所提出恢复其股票正常交易的书面申请，并向本所提交下列申请文件：

（一）公司关于恢复其股票正常交易的申请书；

（二）公司董事会关于申请恢复其股票正常交易的决议；

（三）公司股东大会关于申请恢复其股票正常交易的决议；

（四）保荐机构出具的保荐意见；

（五）法律意见书；

（六）公司最近一年又一期经审计财务报告；

（七）公司前十大股东名册和公司持股5%以上股东的营业执照或有关身份证明文件；

（八）公司全部股份在结算公司托管的证明文件；

（九）公司董事、监事及高级管理人员持有本公司股份情况说明；

（十）本所要求的其他材料。

公司股份已经转入全国中小企业股份转让系统等证券交易场所转让或存在其他合理情况的，经本所同意，可以在本所要求的期限内办理完毕其股份的重新确认、登记、托管等相关手续或有关事项后，补充提交相应申请文件。

本所在收到公司完备申请材料后的五个交易日内，作出是否受理的决定并通知公司。公司应当及时对外发布相关公告。

10.5.12　本所在作出恢复公司股票正常交易的决定后两个交易日内通知公司，并报告中国证监会。

公司应当在收到上述决定后及时公告，并按本所要求办理恢复股票正常交易的相关手续。

公司应当在其股票恢复正常交易前与本所重新签订上市协议，明确双方的权利、义务及其他有关事项。

公司控股股东、实际控制人、董事、监事和高级管理人员等应当签署并提交相应声明与承诺，其所持股份在公司股票恢复正常交易时的流通或限售安排，应当按照法律、行政法规、部门规章、规范性文件及本所有关规定执行。

第六节　听证与复核

10.6.1　上市公司可以在收到或者本所公告送达终止上市事先告知书之日（以在先者为准，下同）起五个交易日内，以书面形式向本所提出听证要求，并载明具体事项及理由。有关听证程序和相关事宜，适用本所有关规定。

公司对终止上市有异议的，可以在收到或者本所公告终止上市事先告知书之日起十个交易日内，向本所提交相关书面陈述和申辩，并提供相关文件。

公司未在本条规定期限内提出听证要求、书面陈述或者申辩的，视为放弃相应权利。

公司在本条规定期限内提出听证要求的，由本所上市委员会按照有关规定组织召开听证会。

10.6.2　上市委员会组织召开听证和审议期间，可以要求上市公司和相关中介机构提供补充材料，补充材料期间不计入听证及审议期限，公司和相关中介机构未在本所要求期限内提交补充材料的，本所上市委员会继续进行听证或者审议。

本所可以自行或者委托相关机构就公司有关情况进行调查核实，并将核查结果提交上市委员会审议。调查核实期间不计入审议期限。

10.6.3　上市公司可以在收到或者本所公告送达终止上市决定之日（以在先者为准）起十五个交易日内，以书面形式向本所申请复核。有关复核程序和相关事宜，适用本所有关规定。

公司应当在向本所提出复核申请之日的次一交易日披露有关内容。

10.6.4　本所在收到申请人提交的复核申请文件之日后的五个交易日内，作出是否受理的决定并通知申请人。

申请人应当在收到本所是否受理其复核申请的决定后，及时披露决定的有关内容并提示相关风险。

10.6.5　本所设立上诉复核委员会，对申请人的复核申请进行审议，作出独立的专业判断并形成审核意见。

10.6.6　本所在受理复核申请后三十个交易日内，依据上诉复核委员会的审核意见作出维持或者撤销终止上市的决定。

在此期间，本所要求申请人提供补充材料的，申请人应当在本所规定期限内提供有关材料。申请人提供补充材料期间不计入本所作出有关决定的期限。

本所可以自行或者委托相关机构就公司有关情况进行调查核实，并将核查结果提交复核委员会审议，调查核实期间不计入审议期限。

申请人应当在收到本所的复核决定后，及时披露决定的有关内容。

10.6.7　本所依据上诉复核委员会的审核意见作出撤销终止上市决定的，参照本规则第 10.5.11 条至 10.5.12 条规定的程序办理。

第七节　退市整理期

10.7.1　上市公司股票被本所根据本章第三节至第五节的规定作出终止上市决定后，自公告终止上市决定之日起五个交易日后的次一交易日起复牌并进入退市整理期交易。退市整理期间，上市公司的证券代码不变，股票简称应当变更为“XX退”。

退市整理股票进入风险警示板交易。

上市公司股票被本所根据本章第二节规定作出终止上市决定的，不进入退市整理期。

10.7.2　退市整理期的交易期限为十五个交易日。公司股票在退市整理期内原则上不停牌，因特殊原因申请全天停牌的，停牌期间不计入退市整理期，但停牌天数累计不得超过五个交易日。

公司未在累计停牌期满前申请复牌的，本所于停牌期满后的次一交易日对公司股票复牌。

10.7.3　上市公司股票进入退市整理期的，公司及相关信息披露义务人仍应当遵守法律法规、本规则及本所有关规定，履行信息披露及相关义务。

10.7.4　退市整理期间，上市公司股东所持有限售条件股份的限售期限连续计算，限售期限届满前相关股份不能流通。

10.7.5　上市公司应当在收到本所终止其股票上市决定后及时披露股票终止上市公告，并同时披露其股票进入退市整理期交易相关情况，相关公告应当包括以下内容：

（一）终止上市股票的种类、证券简称、证券代码以及终止上市决定的主要内容；

（二）公司股票在退市整理期间的证券代码、证券简称及涨跌幅限制；

（三）公司股票在退市整理期间的起始日、交易期限及预计最后交易日期；

（四）退市整理期公司不筹划、不进行重大资产重组等重大事项的声明；

（五）终止上市后公司股票登记、转让、管理等事宜；

（六）终止上市后公司的联系人、联系地址、电话和其他通讯方式；

（七）本所要求披露的其他内容。

10.7.6　上市公司应当于退市整理期的第一天，发布公司股票已被本所作出终止上市决定的风险提示公告，说明公司股票进入退市整理期的起始日和终止日等事项。

退市整理期间，公司应当每五个交易日发布一次股票将被摘牌的风险提示公告，在最后五个交易日内每日发布一次股票将被摘牌的风险提示公告。

10.7.7　上市公司在退市整理期间发布公告时，应当在公告中说明公司股票摘牌时间，并特别提示终止上市风险。

10.7.8　退市整理期间，上市公司董事会应当关注其股票交易、媒体报道和市场传闻，必要时应当及时作出澄清说明。

10.7.9　上市公司股票于退市整理期届满的次一交易日摘牌，公司股票终止上市。

公司股票被本所根据本章第二节的规定作出终止上市决定后，公司股票在十五个交易日内摘牌，公司股票终止上市。

公司应当于股票摘牌当日披露摘牌公告，对公司股票摘牌后进入全国中小企业股份转让系统等证券交易场所转让的具体事宜作出说明，包括进入日期、股份重新确认、登记托管、交易制度等情况。

10.7.10　上市公司应当在本所作出终止其股票上市决定后，立即安排股票转入全国中小企业股份转让系统等证券交易场所转让的相关事宜，保证公司股票在摘牌之日起四十五个交易日内可以转让。

10.7.11 上市公司在股票被摘牌前，应当与符合《证券法》规定的证券公司（以下简称“股份转让服务机构”）签订协议，聘请该机构在公司股票被终止上市后为公司提供股份转让服务，并授权其办理证券交易所市场登记结算系统的股份退出登记、股份重新确认及登记结算等事宜。

公司在本所作出终止上市决定后十五个交易日内仍未聘请股份转让服务机构的，本所可以为其指定临时股份转让服务机构，并通知公司和该机构。公司应当在两个交易日内就上述事项发布相关公告（公司不再具备法人资格的情形除外）。

10.7.12 退市整理期间，上市公司不得筹划或者实施重大资产重组等重大事项。

10.7.13 上市公司股票存在可能被强制退市情形，且公司已公告筹划重大资产重组事项的，公司董事会应当审慎评估并决定是否继续推进该重大资产重组事项。不进入退市整理期继续推进重大资产重组的，应当及时召开股东大会，审议继续推进重大资产重组等重大事项且股票不进入退市整理期交易的议案；进入退市整理期不继续推进重大资产重组的，应当及时履行审议程序和披露义务。

公司董事会决定继续推进重大资产重组的，应当在相应股东大会通知中明确：股东大会审议通过该议案的，不再安排退市整理期交易，公司股票自本所公告终止上市决定之日起十五个交易日内予以摘牌，公司股票终止上市；该议案未审议通过的，公司股票自公告终止上市决定之日起五个交易日后的次一交易日复牌并进入退市整理期交易。

公司依据前款规定召开股东大会审议相关议案的，应当经出席会议的股东所持表决权的三分之二以上通过。公司应当对除单独或者合计持有上市公司5%以上股份的股东和上市公司董事、监事、高级管理人员以外的其他股东的投票情况单独统计并披露。

10.7.14　进入破产重整程序或者已经完成破产重整的公司触及强制终止上市情形的，经人民法院或者其他有权方认定，如公司股票进入退市整理期交易，将导致与破产重整程序或者经人民法院批准的公司重整计划的执行存在冲突等后果的，公司股票可以不进入退市整理期交易。

10.7.15　不进入退市整理期交易的公司应当承诺公司股票如被终止上市，将进入全国中小企业股份转让系统等证券交易场所转让股份。

10.7.16　上市公司股票进入退市整理期交易的，应当在收到本所关于终止其股票上市决定后的两个交易日内，向本所提交以下材料：

（一）公司董事会关于变更证券简称的申请；

（二）公司董事会关于退市整理期间不筹划重大资产重组等事项的承诺函；

（三）退市整理期股票交易的风险提示公告；

（四）本所要求的其他材料。

第八节　主动终止上市

10.8.1　上市公司出现下列情形之一的，可以向本所申请主动终止其股票上市交易：

（一）上市公司股东大会决议主动撤回其股票在本所上市交易，并决定不再在证券交易所交易；

（二）上市公司股东大会决议主动撤回其股票在本所上市交易，并转而申请在其他交易场所交易或转让；

（三）上市公司股东大会决议解散；

（四）上市公司因新设合并或者吸收合并，不再具有独立主体资格并被注销；

（五）上市公司以终止公司股票上市为目的，向公司所有股东发出回购全部股份或者部分股份的要约，导致公司股本总额、股权分布等发生变化不再符合上市条件；

（六）上市公司股东以终止公司股票上市为目的，向公司所有其他股东发出收购全部股份或者部分股份的要约，导致公司股本总额、股权分布等发生变化不再符合上市条件；

（七）上市公司股东以外的其他收购人以终止公司股票上市为目的，向公司所有股东发出收购全部股份或者部分股份的要约，导致公司股本总额、股权分布等发生变化不再符合上市条件；

（八）中国证监会或本所认可的其他主动终止上市情形。

10.8.2　本规则第 10.8.1 条第一项、第二项规定的股东大会决议事项，除须经出席会议的全体股东所持有效表决权的三分之二以上通过外，还须经出席会议的除下列股东以外的其他股东所持有效表决权的三分之二以上通过：

（一）上市公司的董事、监事、高级管理人员；

（二）单独或者合计持有上市公司 5% 以上股份的股东。

10.8.3　上市公司因本规则第 10.8.1 条第一项至第五项规定情形召开股东大会的，应当及时向本所提交下列文件并公告：

（一）董事会关于申请主动终止上市的决议；

（二）召开股东大会通知；

（三）主动终止上市预案；

（四）独立董事意见；

（五）财务顾问报告（如适用）；

（六）法律意见书（如适用）；

（七）法律、行政法规、部门规章、规范性文件、本所及公司章程要求的其他文件。

前款第三项所称“主动终止上市预案”，应当包括但不限于：公司终止上市原因、终止上市方式、终止上市后经营发展计划、并购重组安排、股份转让安排、异议股东保护措施，以及公司董事会关于主动终止上市对公司长远发展和全体股东利益的影响分析等相关内容。

前款第四项所称“独立董事意见”，指独立董事应当就主动终止上市事项是否有利于公司长远发展和全体股东利益充分征询中小股东意见，并在此基础上发表意见。

前款第五项、第六项所称“财务顾问报告”和“法律意见书”，指财务顾问和律师事务所为主动终止上市提供专业服务，并发表专业意见。上市公司出现第10.8.1条除第三项以外情形的，应当提交财务顾问报告，出现第10.8.1条第四项、第六项至第八项情形的，还应当提交法律意见书。

股东大会对主动终止上市事项进行审议后，上市公司应当及时披露股东大会决议公告，说明议案的审议及通过情况。

10.8.4　上市公司根据第10.8.1第一项、第二项规定的情形，申请主动终止上市的，公司应当向本所申请其股票及其衍生品种自股东大会股权登记日的次一交易日起停牌，并在股东大会审议通过主动终止上市决议后及时披露决议情况。公司可以在股东大会决议后的十五个交易日内向本所提交主动终止上市的书面申请。

上市公司因自愿解散、公司合并、回购股份及要约收购等情形根据本规则第10.8.1条第三项至第七项的规定申请其股票终止上市的，应当同时遵守《公司法》、《证券法》、中国证监会、本所及公司章程关于上市公司解散、重组、回购、收购等相关规定的要求，履行相应审议程序和披露义务，安排公司股票及其衍生品种的停复牌，及时向本所提交主动终止上市的书面申请。

公司应当在提交申请后，及时披露相关公告。

10.8.5　公司主动终止上市决议未获股东大会审议通过的，应当及时向本所申请其股票及其衍生品种自公司股东大会决议公告当日起复牌。

10.8.6　上市公司出现本规则第 10.8.1 条第六项、第七项规定情形的，其股票及其衍生品种自公司披露收购结果公告或者其他相关股权变动公告后继续停牌。

10.8.7　上市公司依据本规则第 10.8.1 条的规定向本所申请其股票终止上市的，应当向本所提交下列文件：

（一）终止上市申请书；

（二）股东大会决议（如适用）；

（三）相关终止上市方案；

（四）财务顾问报告；

（五）法律意见书；

（六）本所要求的其他文件。

10.8.8　本所将在收到上市公司提交的终止上市申请文件后五个交易日内作出是否受理的决定并通知公司。

公司应当在收到本所关于是否受理其终止上市申请的决定后，及时披露决定的有关情况并提示其股票可能终止上市的风险。

10.8.9　本所上市委员会对公司股票终止上市的申请进行审议，重点从保护投资者特别是中小投资者权益的角度，在审查上市公司决策程序合规性的基础上，作出独立的专业判断并形成审核意见。

上市公司依据本规则第 10.8.1 条第一项、第二项的规定申请其股票终止上市的，本所将在受理公司申请后的十五个交易日内，依据上市委员会意见作出是否同意公司股票终止上市申请的决定。

上市公司因自愿解散、公司合并、回购股份、要约收购等情形依据本规则第 10.8.1 条第三项至第七项的规定申请其股票终止上市的，除另有规定外，本所将在上市公司披露解散决议公告、合并交易完成公告、回购或者收购结果公告后的十五个交易日内，依据上市委员会意见作出是否同意公司股票终止上市申请的决定。

10.8.10　在本所受理公司申请至作出决定期间，本所要求公司提供补充材料的，公司应当在本所规定期限内提供有关材料。公司提供补充材料的期限累计不得超过三十个交易日。公司补充材料期间不计入本所作出有关决定的期限。

公司未能在本所规定的期限内提供补充材料的，本所将在规定的期限届满后作出是否同意公司股票终止上市申请的决定。

10.8.11　本所在作出同意公司股票终止上市决定后两个交易日内通知公司并发布相关公告，并报中国证监会备案。

10.8.12　因本规则第 10.8.1 条规定情形其股票被终止上市且法人主体资格将存续的公司，应当对公司股票终止上市后转让或交易、异议股东保护措施作出具体安排，保护中小投资者的合法权益。

10.8.13　上市公司应当在收到本所关于终止其股票上市决定后及时披露股票终止上市公告。公司股票不进入退市整理期交易。

股票终止上市公告应当包括以下内容：

（一）终止上市股票的种类、简称、证券代码以及终止上市的日期；

（二）终止上市决定的主要内容；

（三）公司股票终止上市后相关安排、异议股东保护措施落实情况等；

（四）终止上市后其股票登记、转让、管理事宜（如适用）；

（五）终止上市后公司的联系人、联系地址、电话和其他通讯方式；

（六）中国证监会和本所要求的其他内容。

10.8.14　上市公司主动终止上市的，本所在公司公告股票终止上市决定之日起五个交易日内对其予以摘牌，公司股票终止上市。

第十一章

红筹企业和境内外事项的协调

第一节　红筹企业特别规定

11.1.1　红筹企业申请发行股票或者存托凭证并在创业板上市的，适用中国证监会、本所关于发行上市审核注册程序的规定。

11.1.2　红筹企业申请其在境内首次公开发行的股票或者存托凭证上市的，应当根据本所《创业板股票发行上市审核规则》的规定，取得本所出具的同意发行上市审核意见并由中国证监会作出予以注册决定。

红筹企业在境内发行存托凭证并上市的，还应当提交本次发行的存托凭证已经结算公司存管的证明文件、经签署的存托协议、托管协议文本以及托管人出具的存托凭证所对应基础证券的托管凭证等文件。

根据公司注册地公司法等法律法规和公司章程或者章程性文件（以下简称“公司章程”）的规定，红筹企业无须就本次境内发行上市事宜提交股东大会审议的，其申请上市时可以不提交股东大会决议，但应当提交相关董事会决议。

11.1.3　红筹企业的股权结构、公司治理、运行规范等事项适用境外注册地公司法等法律法规的，其投资者权益保护水平，包括资产收益、参与重大决策、剩余财产分配等权益，总体上应不低于境内法律法规规定的要求，并保障境内存托凭证持有人实际享有的权益与境外基础证券持有人的权益相当。

11.1.4　红筹企业提交的上市申请文件和持续信息披露文件，应当使用中文。

红筹企业和相关信息披露义务人应当按照中国证监会和本所规定，在符合条件媒体披露上市和持续信息披露文件。

11.1.5　红筹企业应当在境内设立证券事务机构，并聘任信息披露境内代表，负责办理公司股票或者存托凭证上市期间的信息披露和监管联络事宜。信息披露境内代表应当具备境内上市公司董事会秘书的相应任职能力，熟悉境内信息披露规定和要求，并能够熟练使用中文。

红筹企业应当建立与境内投资者、监管机构及本所的有效沟通渠道，按照规定保障境内投资者的合法权益，保持与境内监管机构及本所的畅通联系。

11.1.6　红筹企业具有协议控制架构或者类似特殊安排的，应当充分、详细披露相关情况，特别是风险和公司治理等信息，以及依法落实保护投资者合法权益规定的各项措施。

红筹企业应当在年度报告中披露协议控制架构或者类似特殊安排在报告期内的实施和变化情况，以及该等安排下保护境内投资者合法权益有关措施的实施情况。

前款规定事项出现重大变化或者调整，可能对公司股票、存托凭证交易价格产生较大影响的，公司和相关信息披露义务人应当及时披露。

11.1.7　红筹企业进行本规则规定需提交股东大会审议的重大交易、关联交易等事项，可以按照其已披露的境外注册地公司法等法律法规和公司章程规定的权限和程序执行，法律法规另有规定的除外。

公司按照前款规定将相关事项提交股东大会审议的，应当及时披露。

11.1.8　红筹企业注册地公司法等法律法规或者实践中普遍认同的标准对公司董事会、独立董事职责有不同规定或者安排，导致董事会、独立董事无法按照本所规定履行职责或者发表意见的，红筹企业应当详细说明情况和原因，并聘请律师事务所就上述事项出具法律意见。

11.1.9　红筹企业存托凭证在本所上市的，应当在年度报告及半年度报告中披露存托、托管相关安排在报告期内的实施和变化情况以及报告期末前十名境内存托凭证持有人的名单和持有量。发生以下情形之一的，应当及时履行信息披露义务：

（一）存托人、托管人发生变化；

（二）存托的基础财产发生被质押、挪用、司法冻结或者其他权属变化；

（三）对存托协议、托管协议作出重大修改；

（四）存托凭证与基础证券的转换比例发生变动；

（五）中国证监会和本所认为需要披露的其他情形。

存托凭证上市后，未经本所同意，红筹企业不得改变存托凭证与基础证券之间的转换比例。

发生本条第一款第一项、第二项规定的情形，或者托管协议发生重大修订的，存托人应当及时告知红筹企业，公司应当及时进行披露。

11.1.10　红筹企业、存托人应当合理安排存托凭证持有人权利行使的时间和方式，保障其有足够时间和便利条件行使相应权利，并根据存托协议的约定及时披露存托凭证持有人权利行使的时间、方式、具体要求和权利行使结果。

红筹企业、存托人通过本所股东大会网络投票系统征集存托凭证持有人投票意愿的，具体业务流程参照本所《上市公司股东大会网络投票实施细则》办理，并由公司、存托人按照存托协议的约定向市场公告。

11.1.11 红筹企业和相关信息披露义务人适用本规则相关信息披露要求和持续监管规定，可能导致其难以符合公司注册地、境外上市地有关规定及市场实践中普遍认同的标准的，可以向本所申请调整适用，但应当说明原因和替代方案，并聘请律师事务所出具法律意见。本所认为依法不应调整适用的，红筹企业和相关信息披露义务人应当执行本规则相关规定。

第二节 境内外事项的协调

11.2.1 上市公司及相关信息披露义务人应当保证境外证券交易所要求其披露的信息，同时在符合条件媒体按照本规则和本所其他相关规定的要求披露。

公司及相关信息披露义务人在境外市场进行信息披露时，不属于本所市场信息披露时段的，应当在本所市场最近一个信息披露时段内予以披露。

11.2.2 上市公司就同一事件向境外证券交易所提供的报告和公告，应当与向本所提供的内容一致。出现重大差异时，公司应当向本所说明，并按照本所要求披露更正或者补充公告。

11.2.3 上市公司股票及其衍生品种在境外上市地被要求停牌或者被暂停上市、终止上市的，应当及时通知本所并进行披露，本所视情况予以处理。

为保证信息披露的及时、公平，本所可以根据公司申请或者实际情况，决定公司境内股票或者存托凭证的停牌与复牌事宜。

11.2.4 本节未尽事宜，适用法律、行政法规、部门规章、规范性文件、本所其他相关规定以及本所与其他证券交易所签署的监管合作备忘录的规定。

第十二章

日常监管和违规处理

12.1　本所对本规则第1.4条规定的监管对象实施日常监管，具体措施包括：

（一）要求作出解释和说明；

（二）要求提供相关备查文件或者材料；

（三）要求聘请保荐机构、相关证券服务机构进行核查并发表意见；

（四）约见有关人员；

（五）调阅、查看工作底稿、证券业务活动记录及相关资料；

（六）发出规范运作建议书；

（七）向中国证监会报告有关情况；

（八）向有关单位通报相关情况；

（九）其他措施。

12.2　本所根据本规则及本所其他相关规定和监管需要，可对上市公司及相关主体进行现场检查，相关主体应当积极配合。

前款所述现场检查，指本所在上市公司及相关主体的生产、经营、管理场所以及其他相关场所，采取查阅、复制文件和资料、查看实物、谈话及询问等方式，对上市公司及相关主体的信息披露、公司治理等规范运作情况进行监督检查的行为。

12.3　本规则第 1.4 条规定的监管对象违反本规则、本所其他相关规定或者其所作出的承诺的，本所可对其实施以下自律监管措施：

（一）口头警示；

（二）书面警示；

（三）约见谈话；

（四）要求限期改正；

（五）要求公开更正、澄清或说明；

（六）要求公开致歉；

（七）要求限期召开投资者说明会；

（八）要求上市公司董事会追偿损失；

（九）对未按要求改正的上市公司股票及其衍生品种实施停牌；

（十）建议更换相关任职人员；

（十一）暂停适用信息披露直通车业务；

（十二）限制交易；

（十三）向相关主管部门出具监管建议函；

（十四）其他自律监管措施。

12.4　发行人、上市公司、相关信息披露义务人及其相关人员违反本规则、本所其他相关规定或者其所作出的承诺的，本所视情节轻重给予以下处分：

（一）通报批评；

（二）公开谴责。

12.5　上市公司控股股东、实际控制人违反本规则、本所其他相关规定或者其所作出的承诺的，本所视情节轻重给予以下处分：

（一）通报批评；

（二）公开谴责；

（三）公开认定其不适合担任上市公司董事、监事、高级管理人员。

以上第二项、第三项处分可以并处。

12.6　上市公司董事、监事、高级管理人员违反本规则、本所其他相关规定或者其所作出的承诺的，本所视情节轻重给予以下处分：

（一）通报批评；

（二）公开谴责；

（三）公开认定其不适合担任上市公司董事、监事、高级管理人员、董事会秘书。

以上第二项、第三项处分可以并处。

12.7　保荐机构及其保荐代表人、证券服务机构及其相关人员出具的相关文件存在虚假记载、误导性陈述或者重大遗漏，或者存在违反本规则、本所其他相关规定或者其所作出的承诺的其他情形的，本所视情节轻重给予以下处分：

（一）通报批评；

（二）公开谴责；

（三）暂不受理其出具的相关文件。

以上第一项、第二项可以与第三项并处。

12.8　破产管理人或者管理人成员违反本规则或者本所其他相关规定的，本所视情节轻重给予以下处分：

（一）通报批评；

（二）公开谴责；

（三）建议法院更换管理人或者管理人成员。

以上第二项、第三项处分可以并处。

12.9　发行人、上市公司、相关信息披露义务人和其他责任人违反本规则、与本所签订的协议或者向本所作出的承诺的，本所可以视情节轻重采取向其收取惩罚性违约金的纪律处分。

收取惩罚性违约金的具体事宜，由本所另行规定。

12.10　本所设立纪律处分委员会对涉及本规则第 1.4 条规定的监管对象的纪律处分事项进行审核，作出独立的专业判断并形成审核意见。

本所根据纪律处分委员会的审核意见，作出是否给予纪律处分的决定。

12.11　相关纪律处分决定作出前，当事人可以按照本所有关业务规则规定的受理范围和程序申请听证。

当事人对本所作出的相关纪律处分决定不服的，可以按照本所有关业务规则规定的受理范围和程序申请复核。

12.12　监管对象被本所实施自律监管措施或者纪律处分，本所要求其自查整改的，监管对象应当及时报送并按要求披露相关自查整改报告。

第十三章

释　义

13.1　本规则下列用语具有以下含义：

（一）披露：指上市公司或者相关信息披露义务人按法律、行政法规、部门规章、规范性文件、本规则和本所其他相关规定在符合条件媒体上公告信息。

（二）及时：指自起算日起或者触及本规则披露时点的两个交易日内。

（三）相关信息披露义务人：包括发行人、上市公司及其董事、监事、高级管理人员、股东或存托凭证持有人、实际控制人、收购人、重大资产重组有关各方等自然人、机构及其相关人员，破产管理人及其成员等。

（四）高级管理人员：指公司经理、副经理、董事会秘书、财务负责人及公司章程规定的其他人员。

（五）控股股东：指其持有的股份占公司股本总额50%以上的股东；或者持有股份的比例虽然不足50%，但依其持有的股份所享有的表决权已足以对股东大会的决议产生重大影响的股东。

（六）实际控制人：指通过投资关系、协议或者其他安排，能够实际支配公司行为的人。

（七）控制：指有权决定一个企业的财务和经营政策，并能据以从该企业的经营活动中获取利益。有下列情形之一的，为拥有上市公司控制权：

1. 为上市公司持股 50% 以上的控股股东；

2. 可以实际支配上市公司股份表决权超过 30%；

3. 通过实际支配上市公司股份表决权能够决定公司董事会半数以上成员选任；

4. 依其可实际支配的上市公司股份表决权足以对公司股东大会的决议产生重大影响；

5. 中国证监会或者本所认定的其他情形。

（八）上市公司控股子公司：指上市公司持有其 50% 以上股份，或者能够决定其董事会半数以上成员组成，或者通过协议或者其他安排能够实际控制的公司。

（九）承诺：指上市公司及相关信息披露义务人在招股说明书、配股说明书、募集说明书、定期报告、临时报告、整改报告或者承诺函等文件中就重要事项所作出的保证和提出的相关解决措施。

（十）净资产：指归属于公司普通股股东的期末净资产，不包括少数股东权益金额。

（十一）净利润：指归属于公司普通股股东的净利润，不包括少数股东损益金额。

（十二）利润总额：指上市公司利润表列报的利润总额；上市公司编制合并财务报表的为合并利润表列报的利润总额。

（十三）营业收入：指上市公司利润表列报的营业收入；上市公司编制合并财务报表的为合并利润表列报的营业总收入。

（十四）每股收益：指根据中国证监会有关规定计算的基本每股收益。

（十五）净资产收益率：指根据中国证监会有关规定计算

的净资产收益率。

（十六）证券服务机构：指为证券发行、上市、交易等证券业务活动制作、出具审计报告、资产评估报告、法律意见书、财务顾问报告、资信评级报告等文件的会计师事务所、资产评估机构、律师事务所、财务顾问机构、资信评级机构、投资咨询机构。

（十七）上市时未盈利：指公司上市前一个会计年度经审计扣除非经常性损益前后净利润孰低者为负。

（十八）实现盈利：指上市时未盈利的企业上市后首次在一个完整会计年度实现盈利。

（十九）红筹企业：指注册地在境外，主要经营活动在境内的企业。

（二十）协议控制架构：指红筹企业通过协议方式实际控制境内实体运营企业的一种投资结构。

（二十一）表决权差异安排：是指发行人依照《公司法》第一百三十一条的规定，在一般规定的普通股份之外，发行拥有特别表决权的股份。每一特别表决权股份拥有的表决权数量大于每一普通股份拥有的表决权数量，其他股东权利与普通股份相同。

（二十二）破产程序：指《企业破产法》所规范的重整、和解或者破产清算程序。

（二十三）管理人管理运作模式：指经法院裁定由管理人负责管理上市公司财产和营业事务的运作模式。

（二十四）管理人监督运作模式：指经法院裁定由公司在管理人的监督下自行管理财产和营业事务的运作模式。

（二十五）股权分布不符合上市条件：指社会公众持有的公司股份连续二十个交易日低于公司股份总数的 25%；公司股本总额超过 4 亿元的，社会公众持股的比例连续二十个交易日低于公司股份总数的 10%。

上述社会公众是指除了以下股东之外的上市公司其他股东：

1. 持有上市公司 10% 以上股份的股东及其一致行动人；

2. 上市公司的董事、监事、高级管理人员及其关系密切的家庭成员（具体范围参见本规则第 7.2.5 条第四项的规定），上市公司董事、监事、高级管理人员直接或者间接控制的法人或者其他组织。

（二十六）追溯重述：指因财务会计报告存在重大会计差错或者虚假记载，公司主动改正或者被中国证监会责令改正后，对此前披露的年度财务会计报告进行的调整。

（二十七）非标准审计意见：指注册会计师对财务报表发表的非无保留意见或带有解释性说明的无保留意见。前述非无保留意见，是指注册会计师对财务报表发表的保留意见、否定意见或无法表示意见。前述带有解释性说明的无保留意见，是指对财务报表发表的带有强调事项段、持续经营重大不确定性段落的无保留意见或者其他信息段落中包含其他信息未更正重大错报说明的无保留意见。

（二十八）一致行动人：指《上市公司收购管理办法》规定的一致行动人。

13.2　本规则未定义的用语的含义，依照国家有关法律、行政法规、部门规章、规范性文件及本所有关业务规则、细则、指引和通知确定。

13.3　本规则所称“以上”“以内”“以下”都含本数，“超过”“少于”“低于”不含本数。

13.4　本规则所称“元”，如无特指，均指人民币元。

第十四章

附　　则

14.1　本规则的制定和修改须经本所理事会会议审议通过，并报中国证监会批准。

14.2　本规则由本所负责解释，上市公司及相关信息披露义务人对本规则的具体规定有疑问的，应当向本所咨询。

14.3　红筹企业存托凭证的上市、交易等各项费用，参照本所创业板 A 股相关标准收取。

14.4　本规则自发布之日起施行。

《深圳证券交易所股票上市规则（2020年修订）》《深圳证券交易所创业板股票上市规则（2020年12月修订）》等规则的修订说明

一、修订背景

退市制度是资本市场的基础性制度。深化退市制度改革，形成“有进有出、优胜劣汰”的市场化、常态化退出机制是全面深化资本市场改革的重要安排，对进一步优化资源配置、提高上市公司质量、保护投资者合法权益等具有重要意义。新证券法删除了暂停上市、恢复上市相关规定，授权交易所制定规则对退市相关标准予以规范。国务院《关于进一步提高上市公司质量的意见》对优化退市标准、简化退市程序、加强退市监管提出了要求。

在中国证监会的统一部署下，深沪两所启动了新一轮退市制度改革工作。为做好与新证券法的衔接，贯彻落实中央全面深化改革委员会审议通过的《健全上市公司退市机制实施方案》，本所结合前期退市制度改革经验和退市实践，对《深圳证券交易所股票上市规则》（以下简称《股票上市规则》）、《深圳证券交易所创业板股票上市规则》（以下简称《创业板股票上市规则》）、《深圳证券交易所交易规则》（以下简称《交易规则》）及《深圳证券交易所退市公司重新上市实施办法》（以下简称《重新上市实施办法》）的相关内容进行了修订。

二、落实规则清理部署，精简优化退市相关规则

（一）精简规则数量，完善退市制度体系

按照中国证监会关于开展证券期货规章制度系统性清理的总体部署，进一步优化规则体系，精简规则数量，将《深圳证券交易所上市公司重大违法强制退市实施办法》（以下简称《重大违法强制退市办法》）、《深圳证券交易所退市整理期业务特别规定》等规则内容整合纳入《股票上市规则》《创业板股票上市规则》《交易规则》。

同时，完善《重新上市实施办法》相关内容，删除创业板不接受公司股票重新上市申请的规定；根据新证券法完善重新上市条件；借鉴首发审核机制，明确重新上市申请及审核流程中不予受理、中止审核、终止审核及不计入相关期限的具体情形。

（二）优化章节体例，方便规则使用

借鉴《创业板股票上市规则》关于风险警示和退市章节的编写体例，《股票上市规则》也将退市情形按照类别分节规定退市标准和退市程序，具体分为交易类、财务类、规范类和重大违法类，同时将听证与复核、退市整理期、主动终止上市和重新上市分别单列一节纳入退市一章，进一步提升规则体例清晰度及使用便利性。

三、《股票上市规则》主要修订内容

（一）优化退市标准，畅通退出渠道

1. 优化交易类指标

一是优化面值退市指标，“连续二十个交易日的每日股票收盘价均低于股票面值”修改为“连续二十个交易日的每日股票收盘价均低于1元”，避免“股票面值”可能存在的理解歧义。

二是新增“连续二十个交易日在本所的股票收盘市值均低于3亿元”的退市指标，进一步充实交易类退市指标，充分发挥市场的资源配置功能。

三是统一主板和中小企业板公司股票成交量和股东人数指标，不再另行规定中小企业板公司股票相关标准，与主板标准保持一致。

2. 优化财务类指标

一是新增“扣非前后净利润孰低者为负值且营业收入低于1亿元”的组合型退市指标，取消单一净利润为负值和营业收入低于 1000 万元的指标，从盈利能力、营收规模等方面对上市公司持续经营能力进行多维度考察，压缩已丧失持续经营能力、依靠非经常性损益规避退市的操作空间，推动僵尸空壳企业出清。对于公司扣非前后净利润孰低者为负值的情形，明确营业收入应当扣除与主营业务无关的业务收入和不具备商业实质的收入。同时，要求公司在年度报告中披露营业收入扣除情况及扣除后的营业收入金额，审计机构就公司营业收入扣除事项是否合规及扣除后营业收入金额发表专项核查意见。公司首年出现应扣除情形但未按照规定扣除的，本所可以要求公司扣除，并按照扣除后营业收入决定是否对公司股票交易实施退市风险警示。

二是财务类退市指标之间交叉适用，实现快速出清。修订后的财务类退市指标包括：净利润加营业收入的组合指标、净资产和审计意见类型。上市公司因出现上述任一情形股票交易被实施退市风险警示的次一年年度报告披露后，触及上述任一情形的，本所决定公司股票终止上市。

三是新增行政处罚决定书认定的财务造假退市风险警示情形。若证监会行政处罚决定书表明公司已披露的最近一个会计年度经审计的财务报告存在虚假记载、误导性陈述或者重大遗漏，导致该年度相关财务指标实际已触及退市风险警示情形的，则在公司披露处罚决定书后对公司股票交易实施退市风险警示，并根据实际触及退市风险警示指标相应年度的次一年度的年度报告情况，对公司股票交易撤销退市风险警示或者决定公司股票退市。

四是明确退市风险警示股票被出具保留意见审计报告的，触及终止上市标准，即公司股票交易被实施退市风险警示后，次一年财务报告被出具保留意见审计报告的，本所决定公司股票终止上市。

3. 优化规范类指标

一是新增“信息披露或者规范运作等方面存在重大缺陷”的退市指标。若上市公司出现上述情形被本所要求限期改正但未在要求期限内改正的，且在公司股票停牌两个月内仍未改正的，其股票交易将被实施退市风险警示，此后两个月依旧未改正的，本所决定公司股票终止上市。同时，进一步明确了重大缺陷的具体情形，包括公司已经失去信息披露联系渠道、公司拒不披露应当披露的重大信息、公司严重扰乱信息披露秩序并造成恶劣影响及本所认为公司存在信息披露或者规范运作重大缺陷的其他情形。中小企业板原“三次公开谴责”的退市标准相应删除。

二是新增“半数以上董事无法保证年度报告或者半年度报告真实、准确、完整”的退市指标。若上市公司出现上述情形且在公司股票停牌两个月内仍有半数以上董事无法保证的，其股票交易被实施退市风险警示，此后两个月依旧有半数以上董事无法保证的，本所决定公司股票终止上市。

4. 完善重大违法强制退市类指标

在原有欺诈发行、重大信息披露违法、五大安全等重大违法强制退市指标基础上，结合近年来财务造假案例情况，对于造假情形严重、影响恶劣但未触及现有重大违法指标的情况，新增造假金额加造假比例指标，进一步提升了重大违法标准的完整性，从以下四方面明确具体标准：“根据中国证监会行政处罚决定认定的事实，公司披露的营业收入连续两年均存在虚假记载，虚假记载的营业收入金额合计达到 5 亿元以上，且超过该两年披露的年度营业收入合计金额的 50%；或者公司披露的净利润连续两年均存在虚假记载，虚假记载的净利润金额合计达到 5 亿元以上，且超过该两年披露的年度净利润合计金额的 50%；或者公司披露的利润总额连续两年均存在虚假记载，虚假记载的利润总额金额合计达到 5 亿元以上，且超过该两年披露的年度利润总额合计金额的 50%；或者公司披露的资产负债表连续两年均存在虚假记载，资产负债表虚假记载金额合计达到 5 亿元以上，且超过该两年披露的年度期末净资产合计金额的 50%。（计算前述合计数时，相关财务数据为负值的，先取其绝对值后再合计计算）。”

5. 优化可转债退市条件

新证券法删除了债券暂停上市和终止上市的相关规定，考虑到可转债具有股票和公司债券的双重属性，本次修订取消可转债暂停上市安排，不再对可转债另行规定终止上市条件，明确公司股票终止上市的，可转债同步终止上市。

（二）简化退市流程，提高退市效率

1. 取消暂停上市和恢复上市，缩短退市流程

新证券法删除了暂停上市和恢复上市的相关规定，为落实上位法规定，本次修订取消暂停上市和恢复上市。同时，进一步缩短退市流程，将财务类退市指标的退市流程缩短至两年，即公司触及退市指标，其股票被实施退市风险警示，次年再次触及退市指标的，其股票终止上市。同时，也相应缩短规范类和重大违法类退市情形的退市流程。

2. 优化重大违法强制退市流程

一是停牌时点后移。为进一步释放风险，保护投资者交易权，将连续停牌时点从“知悉行政处罚事先告知书或人民法院作出司法裁判”后移至“收到行政处罚决定书或人民法院司法裁判生效”。

二是优化重大违法公司股票交易安排。结合停牌时点后移及退市流程缩短安排，对于可能触及重大违法强制退市情形的公司，在其知悉行政处罚事先告知书或人民法院作出司法裁判时，对公司股票交易实施退市风险警示并持续交易，待收到行政处罚决定书或人民法院司法裁判生效时，公司股票停牌并进入重大违法终止上市审议程序，决定作出后，公司股票复牌并

进入退市整理期。

三是完善重大违法强制退市认定程序。为提高退市效率，本次修订将重大违法终止上市程序中上市委员会两次审核调整为一次审核，即本所依据行政处罚决定书和司法裁判文书判断公司股票是否触及重大违法强制退市情形，并向公司发出事先告知书，此后上市委员会对公司股票是否触及重大违法终止上市标准进行审议，本所依据审核意见作出决定。

3. 完善退市整理期制度

一是缩短退市整理期交易时间。鉴于本次《交易规则》修订放开了退市整理股票首日涨跌幅限制，将退市整理股票的交易时长缩短至15个交易日，避免震荡期间过长而出现投机炒作。

二是取消交易类退市情形的退市整理期。触及交易类指标的股票在退市前一直处于可交易状态，该类股票在触及相应退市情形的过程中，投资者已有充裕的时间退出，风险已得到充分释放，本次修订明确交易类退市情形不再设置退市整理期。

（三）设立风险警示板，优化相应交易安排

风险警示股票和退市整理股票进入风险警示板交易。鉴于风险警示股票和退市整理股票整体呈现市值水平偏低、股价波动频繁等特点，为强化风险揭示效果，设立包含风险警示股票和退市整理股票在内的风险警示板，同时优化风险警示股票的适当性管理和交易机制安排。

（四）优化其他风险警示指标，强化风险揭示效果

一是新增“最近一年被出具无法表示意见或否定意见的内部控制审计报告或鉴证报告”的其他风险警示情形。

二是围绕可持续经营能力新增“公司最近三个会计年度扣除非经常性损益前后净利润孰低者均为负值，且最近一年审计报告显示公司持续经营能力存在不确定性”的其他风险警示情形。

三是调整违规担保其他风险警示情形标准，落实国务院《关于进一步提高上市公司质量的意见》关于严肃处置资金占用、违规担保问题的精神，将“上市公司违反规定程序对外提供担保的余额（担保对象为上市公司合并报表范围内子公司的除外）在一千万元以上，且占上市公司最近一期经审计净资产的 5% 以上”调整为“上市公司违反规定程序对外提供担保的余额（担保对象为上市公司合并报表范围内子公司的除外）在一千万元以上，或占上市公司最近一期经审计净资产的 5% 以上”。

四是完善资金占用其他风险警示情形的主体范围，为避免无控股股东、实际控制人公司的第一大股东或第一大股东关联人占用资金，明确了公司无控股股东、实际控制人的，其向第一大股东或第一大股东关联人提供资金且达到相关数量标准的，公司股票将被实施其他风险警示。

（五）完善重大违法限制减持情形

目前，涉及重大违法强制退市情形的减持限制主要由《上市公司股东及董事、监事、高级管理人员减持股份实施细则》(以下简称《实施细则》) 第十条予以规范，2018 年重大违法退市制度改革后，触发重大违法强制退市的情形发生了变化，《实施细则》第十条的规定无法覆盖应当限制减持的全部情形。本次修订借鉴创业板的做法，明确重大违法限制减持情形，由于重大违法停牌时点后移至收到行政处罚决定书或司法裁判生效，相应将减持限制起点前移至收到行政处罚事先告知书或者作出司法裁判时。

四、《创业板股票上市规则》主要修订内容

为进一步完善退市制度并加强规则的统一性，《创业板股票上市规则》主要修订了以下内容：一是优化面值退市指标，完善财务类指标营业收入扣除标准，细化信息披露或者规范运

作存在重大缺陷的具体情形。二是增加依据行政处罚决定书认定的财务类退市风险警示情形、半数以上董事无法保证年度报告或者半年度报告真实、准确、完整的规范类退市情形和造假金额加造假比例的重大违法强制退市情形。三是优化退市风险警示、重大违法退市的认定和实施等流程，完善退市整理期安排。四是设立风险警示板。五是优化其他风险警示指标和实施流程。

五、《交易规则》主要修订内容

本次修订主要涉及《交易规则》第四章第五节内容，原标题调整为“风险警示板交易事项”，并修改 5 条，新增 4 条，主要内容包括：

（一）设立风险警示板块，规定风险警示板股票范围

规定风险警示股票和退市整理股票将进入风险警示板交易。参照退市整理股票做法，对风险警示股票予以“另板揭示”，进一步提示交易风险。

（二）强化投资者风险揭示，明确风险警示板股票适当性管理要求

一是新增普通投资者首次买入风险警示股票，应当以纸面或电子方式签署风险揭示书。二是吸纳本所 2017 年 6 月 28 日发布的《深圳证券交易所退市整理期业务特别规定（2017 年修订）》及业务指引内容，将现行个人投资者参与退市整理股票，需满足“50 万元资产 +2 年投资经验”的门槛，以及普通投资者首次买入退市整理股票需签署风险揭示书等要求，纳入《交易规则》。

（三）明确风险警示股票交易机制

一是设置交易量上限，即投资者当日通过竞价交易、大宗交易和盘后定价交易累计买入的单只风险警示股票，数量不得超过 50 万股。二是吸纳本所 2020 年 7 月 10 日发布的《关于

创业板风险警示股票和退市整理期股票交易制度安排的通知》内容，并入《交易规则》第3.3.15条部分内容，明确主板、中小企业板风险警示股票价格涨跌幅限制比例为5%，创业板风险警示股票价格涨跌幅限制比例为20%。

（四）完善退市整理股票交易机制

一是放开退市整理期首日涨跌幅限制，并实施30%、60%两档停牌10分钟的盘中临时停牌机制，给予市场充分定价空间。二是明确股票进入退市整理期第二日及之后的价格涨跌幅限制比例，即主板、中小企业板退市整理股票为10%，创业板退市整理股票为20%。三是为与《创业板交易特别规定》做好制度衔接，调整部分文字表述。

退市整理股票其他交易机制，如交易公开信息披露指标、单笔最高申报数量、连续竞价期间的有效竞价范围等，保持现行制度安排不变，主板、中小企业板和创业板股票分别适用本所《交易规则》和《创业板交易特别规定》。

（五）部分条款暂缓实施

《交易规则》自发布之日起施行，考虑到市场及会员业务技术准备情况，修订后的《交易规则》第4.5.1条关于风险警示股票交易信息独立于其他股票分别揭示的规定，第4.5.2条关于普通投资者首次买入风险警示股票需签署风险揭示书的规定，以及第4.5.4条风险警示股票单日买入数量限制的规定暂缓实施，本所将另行通知具体实施时间。